Exploring Second Language Reading
Issues And Strategies

영어교육 5

제2언어 독해탐구지도
쟁점과 전략

Neil Anderson 지음
정동빈 · 황원길 · 김혜수 · 김주은 옮김

KM 경문사

THOMSON

Australia Canada Mexico Singapore Spain United Kingdom United States

This edition first published in 2006 jointly by
Thomson Corporation Korea Limited and Kyungmoonsa.

Printed in Korea
1 2 3 4 10 09 06 07

For more information contact Thomson Corporation Korea Limited
Suite 1801 Seokyo Tower Building 353-1,22 Seokyo-Dong Mapo-Gu Seoul 121-837 Korea
or find us on the Internet at
http://www.thomsonlearningasia.com

For permission to use material from this text or product, contact us by
- telephone: (82) 2 322 4926
- fax: (82) 2 322 4927
- tlsg.korea@thomson.com

Original ISBN 0-8384-6685-0
Korean Edition ISBN 10: 89-7282-931-5
Korean Edition ISBN 13: 978-89-7282-931-7

Exploring Second Language Reading: Issues and Strategies
1st Edition

Neil J. Anderson Brigham Young University
This edition may be sold only in those countries to which it is consigned
by Thomson Corporation Korea Limited, a division of Thomson Asia Pte Ltd.

영어교육 5

제2언어 독해탐구지도 -쟁점과 전략-

지은이 Neil J. Anderson
옮긴이 정동빈·황원길·김혜수·김주은
펴낸이 박문규
펴낸곳 KM 경문사
펴낸날 2006년 8월 28일 1판 1쇄
등 록 1979년 11월 9일 제9-9호
주 소 121-818, 서울특별시 마포구 동교동 184-17
전 화 (02)332-2004 팩스 (02)336-5193
E-mail kms2004@kyungmoon.com

값 12,000원

ISBN 89-7282-931-5
89-7282-751-7(세트)

옮긴이 머리말

우선 제2언어 독해탐구지도의 이론과 실제, 그 쟁점과 책략을 접할 수 있게 명확하게 저술한 Neil Andersonry교수에게 감사하고, 그런 독해지도서를 펴낼 수 있게 배려한 교사 자료집 총서 편집장인 Donald Freeman에게 감사한다. 그 동안 이 원서의 옮긴이들은 현장에서 제2외국어 읽기 교수 학습 활동을 수년간 하면서 새로운 이론과 실제를 여러 교사들에게 소개하여 공유하고 싶어 번역할 원서를 찾고 있었다. 그러던 차에 Neil Anderson의 A.C.T.I.V.E라는 이론과 실제를 접하게 되었고, 이 이론을 대표하는 단어의 각 글자는 읽기 교수 학습 지도에서 생각해야 할 것을 각각 한 가지 중요한 사항을 대표하고 있다는 것을 알고 번역하는데 보람을 느꼈다. 즉, Anderson의 A.C.T.I.V.E라는 이론과 실제는 다음과 같이 요약된다.

A Activate prior knowledge (기존 지식의 활성화)
C Cultivate vocabulary (어휘 배양)
T Teach for comprehension (이해도 향상을 위한 교수법)
I Increase reading rate (읽기 속도 향상)
V Verify reading strategies (읽기 전략 입증)
E Evaluate progress (학습 과정 평가)

옮긴이들은 번역하면서 Anderson의 논리를 동감하고, 매혹되게 되었다. 물론 Anderson도 지적했듯이 이러한 요소들과 함께 두 가지 고려해야 할 점도 있다. 하나는 읽기에서 동기의 역할과 다른 하나는 적절한 읽기 교재의 계획 및 선택이란 점이다. 이런 Anderson의 주장은 수년간의 ESL/EFL 읽기 교수 학습에서 옮긴이들도 현장에서 체험해 온 사실들이다.

번역서를 통하여 교사 여러분들은 자신들의 교육지식의 영역을 넓히고 ESL/EFL 읽기 학급 운영에서 적용할 새로운 아이디어에 대해 생각해볼 기회가 있길 기대한다. 이 원서, 『제2언어 독해탐구지도 : 쟁점과 전략(*Exploring Second Language Reading: Issues and Strategies*)』이 교사와 예비교사 여러분들에게 큰 도움이 되기를 간절히 기원한다.

원서의 번역 작업에 함께한 황원길, 김혜수, 김주은 박사에게도 감사 인사를 드린다. 특히 마무리 작업에 온 신경을 써준 김주은 박사의 노력이 없었으면 이 번역서의 출간이 어려웠을 것이다. 또한 경문사의 양정완 상무님의 흔쾌한 번역 출판 승낙과 편집부의 정석환선생의 교열에 감사 인사드린다.

2006. 7. 27
옮긴이 대표 정동빈

책을 내면서

White River Junction의 남쪽으로 달리고 있을 때 눈이 본격적으로 내리기 시작했다. 날이 밝아오고 있었지만 희미해서 소용돌이치는 눈발 속에서 고속도로 길을 분간하기 어려웠다. 눈앞에 펼쳐지는 길에 온갖 신경을 쓰면서 기분 전환할 셈으로 라디오를 틀었다. 아나운서가 내리는 눈에 대해 얘기하고 있었다. '도로교통공사에서는 운전자에게 조심해서 운전할 것과 최대한 시야를 넓히도록 전조등을 켜고 운전하도록 당부하고 있습니다.' 그리고 이어서 목소리가 약간 바뀌더니, '도로교통공사의 감독인 Ray Burke는 제설기중 하나가 6번 출구 남쪽에서 전조등을 켜지 않은 자동차와 충돌한 것으로 보고받았다고 합니다. 운전자들이 이런 상태에서는 거의 앞을 분간하기 어렵기 때문에 등을 켜고 운전할 것을 거듭 강조하고 있습니다.' 이 방송을 듣는 순간, 난 거의 반사적으로 휘몰아치는 눈 속에서 내가 전조등을 켜고 운전하고 있는지를 확인했다.

정보들이 어떻게 청취자나 독자에게 의미를 가지게 되는 것일까? 어떤 방법으로 해야, 하는 일에 대해 판단을 하게 되며 그 판단을 근거로 적절한 행동을 취하게 되는가? 눈보라 속에서 라디오를 켠 내 경험으로 볼 때, 눈이 많이 올 때는 전조등을 켜고 운전할 필요가 있다는 동일한 메시지를 전달하는 서로 다른 두 가지의 전달방식을 접하게 된다. 첫 번째는 침착하게 정보를 전달하는 것이고 두 번째는 같은 내용을 개인적으로 설득력 있는 이야기로 말하는 것이다. 전자는 화자의 관점을 드러내지 않고 있으나 후자의 경우는 일반적인 정보를 기초로 분명하게 드러나는 특정한 시공간에서 정보가 주어지고 있다. 정보를 전달하는 각각의 방법이 나름대로의 역할을 가지고 있으나, 내가 보기에 사람들의 행동을 이해하는 데는 후자의 방식이 더 도움이 되는 것 같다. Ray Burke의 제설차에 대한 이야기를 들었을 때 바로 내 자동차의 전조등이 켜져 있는지를 확인하게 되었던 것처럼 말이다.

교육에 관한 저서 가운데, 저자의 경험이나 관점에 중점을 두는 것에 대한 근거를 찾기가 흔치 않다. 관점은 단순한 의견이 아니다. 쉽게 변하거나 인상적인 주장도 아니다. 오히려 관점이란 저자가 생각하는 것과 그 이유에 관한 것이다. Natalie Goldberg의 말을 빌리자면, 그것은 뼈대를 만드는 것이다. 문제는 언어교사교육에서 전문적으로 발달되는 것은 관점이기보다는 말하는 것(telling)에 초점을 맞추고 있다는 것이다. 말하는 것은 라디오 아나운서의 첫 번째 보도와 같이 규범적이다. 무엇을 알고 행하는 것이 중요하고 최근의 이론과 연구가 무엇이고 그러므로 우리가 무엇을 해야 한다는 것을 강조한다. 그러나 이런 단순한 말은 말하는 사람이 누구인지를 드러내지 않고 있다. 듣는 정보를 이해하도록 하는 관점을 숨기고 있다는 말이다.

이 교사자료(Teacher Source) 시리즈는 여러분에게 제2언어나 외국어교육에 관한 관점을 제공해 준다. 시리즈의 각 저자는 그들이 믿고 있는 주제에서 중심적인 것들과 저자들이 이것을 어떻게 이해하게 되었는지를 그려내야만 했다. 그러므로 독자로서 여러분은 이 책이 인격을 담고 있다는 것을 알게 될 것이다. 이것은 익명으로 이루어진 것이 아니다. 하나의 지시가 아니라 스토리로 다가오고 독자의 관심을 가정하기보다는 독자와 함께 관계를 이루어 간다는 의미이다. 실행자로서 관점은 사고를 위한 건전한 기반과 기준을 제공함으로 여러분의 작업을 도와줄 것이다. 행동진로를 제안할 수도 있고, 그것들이 저자들에게 이해되는 이유를 설명할 수도 있다. 반대로 그것으로부터 여러분이 앞으로 할 것을 얻을 수 있고 그것으로 할 수 있는 무언가를 할 수도 있다. 이 책은 여러분에게 무엇을 생각하는가를 말해 주는 것이 아니라, 여러분이 하는 것을 이해하도록 돕는다.

교사자료에서의 관점은 다음의 세 가지 요소로 이루어져 있다. 교사의 견해, 구성체계와 조사연구이다. 저자들은 주제와 자신의 관점에 맞는 유일한 방식으로 세 가지를 함께 그려내고 있다. 교사자료의 모든 책은 이 세 가지를 포함하고 있다. 교사의 견해는 다양한 상황에서 주제에 대한 자신의 경험을 말하고 있는 언어교사에 대한 것이다. 구성체계는 저자가 주제나 중요한 개념이나 이슈에 대해 알아야하는 중요한 것을 다룬다. 이러한 기본적인 것들은 저자가 쓰고 있는 언어교육과 학습의 영역을 정의한다. 조사연구는 가르치고 있는 주제나 수업에 독자인 여러분을 끌어들이는 것을 의미한다. 이것들은 교육과 학습을 숙고해보고 실제로 아이디어를 시도하려고 혼자서 혹은 동료들과 할 수 있는 활동들이다.

각 요소는 주제에 관한 관점을 보여준다. 교사의 견해는 실행자의 관점과 관련이 있다. 구성체계는 전문적인 공동체의 관점을 형성하며 조사연구는 교육현장에 대한 경험을 통해 자신의 관점을 발달시키도록 한다.

제2언어를 가르치기 위해 교사와 학생은 그 언어와 공동체와 연관이 있는 문화를 배워야 한다는 것은 널리 인식되고 있다. 이러한 입장은 외국어를 공부하는 주요한 목적이 관련문학을 읽는 것과 그 문화예술을 감상하는 것과 밀접하게 연결되었다는 주장으로부터 지난 1세기 동안 발전되어왔다. 최근에는 의미구성의 체계로서 문화와 언어를 서로 연관시키는 것에 대한 논란이 인류학과 민족학에서 제기되고 있다. 이러한 주장은 언어를 완전히 배우기 위해 학습자는 문화를 이해하고 그 문화 내에서 기능할 수 있어야 한다는 것이다. 초현실주의와 비판이론으로부터 나온 최근의 주장은 언어와 문화를 사회참여를 위한 메카니즘과 정체성을 볼 수 있는 렌즈의 기능을 하고 있는 것으로 본다.

이 저서에서 Patrick Moran은 다양한 관점이 교실수업에서 교사의 업무와 관련될 때 변화, 발전되는 것을 검토한다. 언어교사가 처한 다양한 상황에서 어떻게 이러한 강력한 아이디어가 학습자와 학습하는데 반영되고 조직되는데 도움이 되는가? 제 2언어나 문화를 배우고 가르친다는 것은 정확하게 무슨 의미일까? Moran은 자신이나 동료교사 그리고 교사교육에서 함께했던 학습자들의 직접경험을 근거로 유용한 구성체계를 소개한다. 저자는 지적하기를 언어와 문화를 서로의 관계에서 재고해보는 것은 교과목과 수업지도를 재구성하기 위해 교사와 학습자의 정체성, 가치, 기대에 참여하는 과정이라는 것이다. 이 책은 단순한 기술을 익히는 책이 아니다. 이것은 언어수업의 내용과 핵심적인 작업들을 재검토하는 것이다. 이러한 결과는 언어와 문화가 교과목으로 어떻게 다루어야하는가와 교사들이 학습자를 위해 이러한 일견을 수업에서 어떻게 진행하는가에 있어서 매우 소중한 것이다.

시리즈 편집자
Donald Freeman

차 례

제1장 교수(教授) 전략 서문

읽기는 제2언어/외국어로서의 영어(ESL/EFL) 학습자에게 기본이 되는 능력이다. 대부분의 학생에게 읽기는 습득해야 할 가장 중요한 능력에 속한다. 읽기 능력이 강화되면 ESL/EFL 학습이 더욱 향상되고 어떤 학과에서나 더 큰 발전을 이룩할 수 있게 된다.

읽기는 읽는 사람과 읽는 대상이 함께 의미 형성에 참여하는 적극적이고 유동적인 과정이다. 의미는 인쇄된 페이지 속에 박혀 있는 것도 아니고 독자의 머리 속에만 들어 있는 것도 아니다. 읽기를 통해 인쇄된 페이지의 낱말들과 독자의 배경 지식 및 체험이 결합될 때 시너지 효과가 발생한다. 독자는 일정한 목표에 도달하기 위한 일정한 목적을 마음속에 지닌 채 인쇄된 텍스트 사이를 통과한다. 하지만 ESL/EFL 읽기(독해) 클래스에서 커다란 문제점의 하나는 학생들이 제2언어를 읽을 수 있다고 하더라도 대개는 읽기가 유창하지 않다는 데 있다. 학생들은 의미 있는 방식으로 텍스트에 적극적으로 몰입하지 못하고 있다. 낱말을 한번에 하나씩 통과하고는 있으나 읽기의 즐거움을 얻지는 못할 수도 있는 것이다.

제2언어의 읽기 교사들은 교실에서 여러 가지 난관에 부딪힌다. 학생들에게 제1언어에서 배운 기술과 지식을 활용하는 방법을 가르치는 일, 어휘력을 늘리는 일, 독해력을 강화시키는 일, 읽기 속도를 향상시키는 일, 독자들에게 전략을 효과적으로 활용하고 학습 진행 상황을 스스로 점검하는 방법을 가르치는 일 등은 교사들이 ESL/EFL 읽기 클래스를 준비할 때 반드시 염두에 두어야 할 사항들이다.

Scarcella and Oxford(1992)가 태피스트리(무늬를 놓은 양탄자)에 비유하여 읽기 문제를 언급한 것을 생각해보자. 양탄자 짜는 법을 배우는 것이 하나의 과정인 것처럼 읽기를 배우는 것도 하나의 과정이다. 직공이 여러 종류의 실을 사용하듯이 독자도 여러 종류의 기술을 사용한다. 세상에는 똑같은 태피스트리가 두 장 있는 경우가 드문 것처럼 똑같은 기술과 전략을 사용하여 독해력을 구사하는 독자가 두 명 있는 경우도 드물 것이다. 요점을 파악하고, 추론을 하고, 결론을 예측하고, 문맥을 통해 어휘의 의미를 짐작하는 일 등은 모두 영어 독자들이 통상적으로 습득해야 하는 읽기의 기술이다. 이 각각의 기술들이 독자가 사용하는 실 가닥들인 셈이다. 이런 읽기 기술을 성취하기 위해 독자가 사용하는 읽기 전략 역시 독자가 사용하는 실 가닥들이라 할 수 있다.

독자가 사용하는 이런 실들 외에 읽기 교사들이 사용할 수 있는 실도 있다. 읽기 수업을 개발하기 위한 독해의 이론과 교육학의 실들이 그것이다. 교사들이 사용할 수 있는 실들도 함께 양탄자의 직물을 짜는 데 쓰인다. 읽기 기술, 읽기 전략, 독해 이론, 독해 교육학—이 모든 실들을 함께 짜 엮음으로써 읽기 교실의 독자와 교사 각각에게 독특한 양탄자가 만들어지는 것이다.

교사자료(Teacher Source) 교재의 취지를 살리고 있는 본 텍스트는 제2언어 교사들에게 독해 교수법을 가르치기 위해 씌어 진 것이 아니다. 『제2언어 독해탐구지도(*Exploring Second Language Reading*)』는 교사들이 염두에 두어야 할 과제와 전략을 제시한다. 이와 더불어 우리는 이러한 과제와 전략과 관련한 중요한 문제점들을 검토할 것이다. 여기서 논하는 과제들은 중급 ESL/EFL 교사들뿐 아니라 고등 교육이나 성인 교육 과정에서 성인들을 가르치는 교사들에게도 해당된다. 필자는 기본적인 읽고 쓰기 능력을 개발하는 문제를 다루지는 않을 것이며, 영어 읽기 능력을 향상시키려 애쓰는 사람들에게 제2언어 읽기를 가르치는데 따른 문제를 논할 것이다.

『제2언어 독해탐구지도(*Exploring Second Language Reading*)』에는 제2언어 읽기에 대한 필자의 개인적인 철학이 담겨 있다. 이 책은 세월이 흐르는 동안 필자의 철학이 어떻게 발전되어 왔고 필자가 왜 그런 신념을 지니게 되었는지에 대해 설명한다. 이 책은 독자에게 다른 ESL/EFL 교사들과 그 철학의 원리를 연구하고 있는 교사들의 의견을 접해볼 수 있는 기회를 제공할 것이다. 필자의 의도는 독자에게 필자의 철학이 제2언어 읽기를 가르치는 '올바른' 길임을 납득시키려는 것이 아니라 독자로 하여금 필자가 겪은 과정에 대해서 생각해 보고 그와 비슷한 과정을 통해 스스로 읽기 교사로서의 능력을 개발할 수 있도록 하려는 것이다.

읽기 교사들은 반드시 실제적인 읽기 교육을 위한 각자의 철학을 개발해야만 한다. 아마도 본 텍스트는 독자가 철학을 개발하는 데 도움이 될 것이다. 필자는 ESL 읽기 클래스를 맡기 시작하면서 읽기에 대한 필자 자신의 철학을 개발하는 일에 착수했다. 필자는 읽기 연구자들이 개발한 읽기 이론과 모델을 더 많이 배우고자 하는 진지한 열망을 가지고 있다. 이처럼 필자의 철학은 제1언어 및 제2언어 읽기와 관련된 연구를 접하면서 시작되어, 제2언어 읽기에 관한 연구 문헌의 성과를 흡수하고 연구 결과를 필자의 ESL 읽기 클래스에 직접 응용하는 방법을 모색하는 과정을 통해 지속적으로 영향을 받고 있다.

읽기 과정의 모델

우리는 어떻게 인쇄된 텍스트를 이해하는가? 읽기에는 어떤 과정이 수반되는가? 우리가 읽을 수 있다는 것은 무엇을 의미하는가? 이것은 내가 ESL/EFL 읽기 수업을 준비하면서 스스로 자문해 본 물음들이다. 우리가 읽기라고 부르는 이 과정을 이해하는 것이 중요하며, 그래야만 이 기술을 보다 효과적으로 가르칠 수 있다고 생각한다.

읽기의 과정을 이해하는 것은 많은 연구의 초점이 되어 왔다. 이런 연구를 통해 인쇄된 낱말이 이해되는 방식에 관한 여러 가지 모델이 제시되었다

(Goodman, 1973, 1976; Gough, 1985; Rumelhart, 1985; Stanovich, 1980). 이 모델들은 상향식 모델, 하향식 모델, 상호 작용 모델 등 세 개의 범주로 분류될 수 있다.

상향식 모델

데이터 중심 모델이라 불리는 상향식 모델(Botton-up models)은 주로 텍스트가 제시하는 정보에 의존한다. 이 정보는 글자의 특징-글자-낱말-의미의 순으로 처된다. 상향식 모델은 일반적으로 '낮은 수준'의 읽기 과정으로 알려진 것에 주목한다. Segalowitz, Poulsen & Komoda(1991)는 다음과 같이 지적하였다.

> 이 낮은 수준의 과정은 단어 인식으로 이루어지며, 글자의 특징을 시각적으로 인식하고, 글자를 식별하고, 문자소와 음소를 일치시키고, 글자열의 규칙성과 같은 철자의 중복을 이용하고, 단어에서 의미 표현을 연상하고, 현재 읽고 있는 텍스트 부분 내에서 기본적인 문장 구조를 파악하고, 진술 단위를 산출하는 등의 과정을 수반한다. (p.17)

하향식 모델

상향식 모델과 대비되는 하향식 모델(Top - down models)은 이러한 낮은 수준의 과정과 상반된 특징을 보인다(Stanovich, 1980). 하향식 모델들은 하나같이 "유창한 독자가 텍스트를 따라가면서 적극적으로 가설 테스트를 수행한다고 보는 점에서 공통성을 지닌다."(Stanovich, 1980, p.34). 하향식 모델에서는 "높은 수준의 과정이… 낮은 수준의 과정에서 진행되는 정보의 흐름을 결정한다."(같은 책). Segalowitz, Poulsen & Komoda(1991)는 다음과 같이 지적하였다.

> 이 높은 수준의 과정은 주로 텍스트 정보의 통합과 관련이 있으며, 텍스트 내의 다의성을 해소하고, 단어를 공동 지시물과 연결시

> 키고, 문장들을 가로질러 진술 단위를 통합하고, 텍스트 전체의 도식 또는 표상을 산출 내지 갱신하고, 텍스트 정보를 기존의 지식에 통합시키는 등의 과정을 수반한다. (p.17)

상호 작용 모델

현재 읽기 과정에 대한 가장 설득력 있는 설명으로 받아들여지고 있는 모델은 상호 작용 모델(Interactive models)이다. 이 세 번째 유형은 상향식 모델과 하향식 모델 양자의 요소들을 결합하여 "여러 경로를 통해 동시에 제공되는 정보를 기초로 하나의 패턴이 합성된다."고 가정한다(Stanovich, 1980, p.35). Stanovich는 상호 작용 모델에서 "한 수준의 과정은 다른 수준의 부족을 보충할 수 있다. 높은 과정은 실제로 낮은 과정의 부족을 보충할 수 있다"고 말한다(p.36). Murtagh(1989)는 최고의 제2언어 독자란 상향식과 하향식 양자의 과정을 '효과적으로 통합'할 수 있는 사람이라고 강조한다(p.102).

Grabe(1991)는 상호 작용 접근방식의 두 가지 개념을 강조한다. 첫 번째 개념은 독자와 텍스트 간에 이루어지는 상호 작용과 관련된 것이다. 이것은 의미가 단순히 텍스트 내에 머물러 있는 것이 아니라 독자가 텍스트와 상호 작용함에 따라 독자 자신의 배경 지식이 이해 과정을 용이하게 만든다는 주장이다. 상호 작용 접근방식의 두 번째 개념은 상향식 과정과 하향식 과정간의 상호 작용과 관련된 것이다. 유창한 독자는 해독과 해석의 기술을 모두 사용한다. 지금까지 제1언어와 제2언어의 읽기 과정에 관해 발표된 연구를 토대로 우리는 읽기에는 여러 가지 기술과 전략과 과정이 수반되기 때문에 간단히 설명할 수 없다는 것을 알고 있다. Grabe는 "읽기에 대해 설명하려면 유창한 읽기란 빠르고, 과단성 있고, 상호 작용적이고, 이해력이 있고, 유연하고, 점진적으로 전개된다는 생각을 설명할 수 있어야 한다."고 말하여 읽기를 정의하는 것조차 쉽지 않은 일임을 지적하고 있다(p.378).

필자는 읽기 수업에서 학생들을 관찰하고, 읽기 과정을 설명하려는 이 세 가지 모델을 검토한 결과, 상호 작용 모델이 최선의 설명이라는 것을 알게 되었다. 제2언어 독자들은 읽을 때 부분적으로는 상향식의 작업(낯선 어휘를 해독하고, 필자가 나누어준 유인물에서 잘 안 보이는 부분과 씨름하고, 특정한 낱말의 품사에 관해 궁리하는 등)을, 부분적으로는 하향식의 작업(텍스트에서 다음에 올 내용을 예상하고, 이전의 경험에 의존하는 등)을 수행한다. 필자는 읽기란 상향식과 하향식 모델 양자의 상호 작용 과정이라는 것을 이해하게 되면서 읽기 교육이 향상되었다고 믿고 있다.

제2언어 읽기 교육에서 염두에 두어야 할 전략들

본 교재는 제2언어 읽기 수업의 여덟 가지 교수 전략을 통한 이론과 실천의 통합을 시도하고 있다. 이것은 교사로 일하면서 필자가 읽은 다른 사람들의 연구 논문과 제안을 바탕으로 독자적인 목소리를 개발하려고 애쓰는 동안 그 틀이 형성되었다. 필자는 다른 사람의 연구에서 배운 몇 가지 핵심적인 아이디어들을 필자 자신의 교육에 지침이 될 만한 교수법 체계 내에 통합할 수 있게 되기를 원했다. 필자는 필자 자신이 읽기에 대해 지니고 있는 철학의 핵심 요소들을 상기하는 데 도움이 될 단어가 없을까 궁리했다. 필자는 'ACTIVE'라는 단어를 선택했다. 필자가 이 단어를 좋아하는 까닭은 그것이 읽기 철학의 여섯 가지 요소를 기억하는 데 도움이 될 뿐 아니라 읽기란 수동적인 기술이 아니라 하나의 적극적인 과정임을 상기시켜주기 때문이다.

ACTIVE라는 단어는 필자가 ESL/EFL 읽기 수업을 진행할 때 우리 모두가 염두에 두었으면 하는 처음 여섯 가지의 전략을 제시한다.

A : Activate prior knowledge (사전 지식을 활용할 것)
C : Cultivate vocabulary (어휘력을 늘릴 것)
T : Teach for comprehension (이해력을 키울 것)

I : Increase reading rate (읽기 속도를 늘릴 것)
V : Verify reading strategies (읽기 전략을 입증할 것)
E : Evaluate progress (학습과정을 평가할 것)

나머지 두 가지 전략은 동기 부여와 적절한 읽기 교재의 선택에 관련된 것이다.

이런 문제들을 일렬로 늘어놓으면 철학을 교육에 적용하는데 순서가 있는 것처럼 보일지 모르지만, 이 지침은 순차적인 것이 아니라 상호작용적인 관점에서 보아야 한다. 이 문제들은 서로 겹쳐진다. 본 텍스트에서는 이 전략들이 서로 연결되어 있음을 보여주기 위해 그와 관련된 개념을 되풀이해서 언급할 것이다. 양탄자의 경우를 떠올려 보자. 양탄자에서는 하나의 실만 가지고 무늬를 만들지 않는다. 여러 종류의 실이 다른 모든 실들과 서로 겹치고 엮여질 때 아름다운 무늬가 탄생한다. 이것은 하나의 기술이나 전략이 다른 것들과 결합되는 읽기 과정의 상호작용적인 특성을 잘 나타내준다.

필자는 이 책에서 제시하는 여덟 가지 전략이 여러분 자신의 교수 철학을 수립할 때 염두에 두어야 할 유일한 요소라고 주장할 생각은 없다. 다만 이 여덟 가지는 필자의 철학에서 핵심이 되어 왔다는 것을 말하려는 것이다.

각각의 전략은 교사의 목소리(Teachers' Voices), 기본 틀(Frameworks), 연구(Investigations)라는 세 가지 관점에서 다루어지게 된다. '교사의 목소리(Teachers' voices)'는 텍스트에서 다루어진 교수 전략에 관한 ESL/EFL 읽기 교사들의 목소리를 들을 수 있게 해준다. 네 명의 교사/실습 교사들이 논의 중인 교수 전략에 관한 자신들의 견해를 들려주기로 동의했다. 필자 역시 필자의 목소리를 여러분과 공유하고자 한다. 각 장을 시작할 때마다 필자 자신의 체험 중에서 교육과 학습에 대한 사고방식에 영향을 주었다고 생각되는 것들을 소개한다.

The Teachers' Voices

Dawn Turton은 Midwestern 대학교에서 언어학 석사 과정을 이수하면서 속성 영어 프로그램의 조교를 맡고 있다. 그녀는 그리스, 한국, 폴란드, 대만 등지에서 4년 동안 EFL을 가르쳤다. 그녀는 응용 언어학 박사 과정에 들어갈 계획이며 TESL/TEFL 교사 트레이너가 되려는 희망을 가지고 있다. 이 읽기 전략에 대한 Dawn의 생각은 '현역'의 관점에서 비롯된다고 보는 것이 가장 타당할 것이다. 그녀에게 읽기 교육은 생소한 분야가 아니다. 그녀는 학생들에게 읽기를 지도하면서 끊임없이 자신의 교수 활동에 대한 통찰력을 얻는다. 필자와 Dawn의 대화는 인터뷰, 이메일, 대학교 복도에서의 담화 등 다양한 형태로 이루어졌다.

Rachel Manning-Smith는 석사 과정을 이수하고 있는 대학원생이다. 그녀는 '전형적인' 예비 교사이다. Rachel은 석사 과정을 시작할 때 ESL 교수 경험을 가지고 있지 않았다. 그녀가 제시하는 생각과 개념은 다분히 '이론적인 단계'에 있다. 그녀는 자신의 경험을 바탕으로 읽기에 대해 생각하면서 이 교수 전략이 ESL/EFL 학습자들에게 어떤 효과가 있을지 궁금해 하고 있다.

Carolyn O'Keeffe는 워싱턴 주 Bothwell의 Northshore 학군에서 ESL 교사 및 조교들과 함께 학군 K-12 ESL 코디네이터로 일하고 있다. 그녀는 또한 워싱턴 대학교 ESL 교육 과정에서 예비 교사 및 자격 취득 교사들과 함께 일하고 있다. 그녀는 ESOL 전문가로 19년 동안 일해 왔다.

Paul Hardin은 워싱턴 주 Lakewood의 Clover Park 학군에서 ESL 코디네이터로 재직 중이다. 그는 22년간 공립학교 교사로 일하면서 K-12학년을 가르쳤으며 18년 동안 이 학군을 위한 K-12 프로그램을 관리했다. 그는 현재 고등학교 수준에서 풀타임으로 가르치고 있다.

이 네 사람의 교사는 교수 전략으로 어떤 효과를 보았는지에 대한 이야기를 들려줄 것이다. 본 텍스트는 이 교사들의 목소리를 생생하게 들을 수 있는 기회를 제공한다.

Frameworks

각 장의 두 번째 부분에서는 '기본 틀(Frameworks)'에 관해 다룬다. 여기서 필자는 필자의 교육 철학에 영향을 준 제2언어 읽기 이론의 여러 측면을 소개한다. 다루어지는 전략들 각각은 읽기 커리큘럼과 수업 계획의 개발에 관한 우리의 생각을 정리하는데 도움이 될 몇 가지 데이터를 가지고 있다.

Investigations

마지막으로, '연구(Investigations)' 부분은 여러분이 독자/교사로서 논의 중인 교수 전략을 고찰하고 실험할 수 있는 기회를 제공한다. 이 연구 부분은 읽기 교육에 관한 여러분 자신의 철학을 검토하고 개선하도록 유도하기 위해 고안된 것이다. 이 여덟 가지 교수 전략을 실행하기로 하는 것이 중요한 것이 아니라, 제2언어 독자들에게 읽기를 가르치는 일에 대해 철학을 가지는 것, 그리고 각자가 그 철학을 분명히 밝힐 수 있는 것이 중요하다는 것을 잊지 말기 바란다.

Investigations

1 이 책을 읽는 동안 사용할 노트를 만든다. 이것을 각자의 반성적 독해일지(Reflective Reading Journal)라고 부르기로 한다. 페이지를 쉽게 떼고 붙일 수 있는 3링 바인더가 알맞을 것이다. 노트를 여덟 개의 부분으로 나누고 각 절마다 앞으로 다루게 될 교수 전략을 하나씩 할당한다.

- **전략 1** : 사전 지식을 활용할 것
- **전략 2** : 어휘력을 늘릴 것
- **전략 3** : 이해력을 키울 것
- **전략 4** : 읽기 속도를 늘릴 것
- **전략 5** : 읽기 전략을 실증할 것
- **전략 6** : 과정을 평가할 것
- **전략 7** : 동기를 부여할 것
- **전략 8** : 적절한 읽기 교재를 선택할 것

여러분은 독해일지에 기재한 이전의 항목을 되돌아보는 '연구' 기회를 갖게 된다. 이것을 마치면 여러분은 이 일지에 담긴 생각을 제2언어 읽기 교육에 관한 여러분 자신의 철학에 덧붙일 수 있게 될 것이다.

2 이 책에서 다룰 여덟 가지 교수 전략에 관해 생각해본다. (위 연구 1의 목록을 검토할 것) 이 교수 전략들 중에서 다른 것보다 더 중요하다고 생각되는 것이 있는가? 그 이유는? 각자의 생각을 독해일지에 기록한다.

3 각자의 독해일지에 다음 질문에 대한 답을 적는다.

1. 제2언어의 읽기에 대해 정의할 것.
2. 모국어로 읽기를 좋아하는가? (그렇다, 아니다)
3. 매일(평균적으로) 얼마나 오랫동안 모국어로 읽기를 하는가?
4. 모국어로 어떤 종류의 자료를 읽는가?
5. 제2언어로 읽기를 좋아하는가? 그 이유는?
6. 매일(평균적으로) 얼마나 오랫동안 제2언어로 읽기를 하는가?
7. 제2언어로 어떤 종류의 자료를 읽는가?
8. 제1언어로 읽는데 따른 장점 다섯 가지를 적을 것.
9. 제2언어로 읽는데 따른 장점 다섯 가지를 적을 것.

10. 8과 9의 질문에 대한 답에서 중복되는 점은?
11. 제1언어 읽기에서 개선하고자 하는 점 다섯 가지를 적을 것.
12. 제2언어 읽기에서 개선하고자 하는 점 다섯 가지를 적을 것.
13. 11과 12의 질문에 대한 답에서 중복되는 점은?
14. 가장 좋아하는 책의 제목은?
15. 가장 좋아하는 영화의 제목은?
16. 가장 좋아하는 음악의 종류는?
17. 취미를 몇 가지 적을 것.
18. 위 14-17의 질문에 대해, 이런 주제들을 다루는 자료를 읽고 있는가? 그 이유는?
19. 좋은 독자라고 말할 만한 사람을 알고 있는가?
20. 그 사람이 좋은 독자인 이유는?
21. 나쁜 독자라고 말할 만한 사람을 알고 있는가?
22. 그 사람이 나쁜 독자인 이유는?
23. 제2언어 읽기 수업을 위한 교수 전략에 관한 본 텍스트를 읽고 무엇을 알게 되기를 희망하는가?

맺음말

이 책을 쓰는 동안 필자는 제2언어 읽기 과정에 관한 생각에 새로운 활력을 얻었다. 필자의 독해일지는 다른 읽기 교사들에게 이야기해주고 싶은 아이디어와 필자가 교실에서 겪은 체험들로 가득 차 있다. 필자의 소망은 여러분들도 교수 전략의 토론에 활발하게 참여하고 이 전략들을 실험하고 검토하여 언어 교육의 개선에 보탬이 되었으면 하는 것이다.

제 2 장
전략 1 : 사전 지식을 활용할 것

Investigations

1 사전 지식이 제2언어 독자의 읽기 과정에 영향을 미친다고 믿는가? 당신이 관찰하거나 경험한 것 중에서 어떤 것이 이런 믿음을 유발시켰는가? 독해일지에 당신의 생각을 적어보시오.

2 텍스트를 이해하는데 배경 지식은 어떤 역할을 하는가? 독해일지에 당신의 생각을 적어보시오.

단락 1

John knew his wife's operation would be expensive. There was always Uncle Harry. John reached for the suburban telephone book.

질문

Is Uncle Harry related to John or John's wife? How close is John to Uncle Harry? How do you know that? Is Uncle Harry a medical doctor? Is Uncle Harry rich?

단락 2

Jane was invited to Jack's birthday party. She wondered if he would like a kite. She went to her room and shook her piggy bank. It made no sound.

질문

How old is Jane? How old is Jack? What leads you to your answer? What sound did Jane expect to hear when she shook her piggy bank? What if the piggy bank is filled with currency and not coins?

단락 3

Mary heard the ice cream man coming down the street. She remembered her birthday money and rushed into the house... and locke the door.

질문

How old is Mary? What leads you to your answer? Why would she go into the house and lock the door? Do you think she is "protecting" her money from her younger brother who likes to buy ice cream?

단락 4

Mary heard the ice cream man coming down the street. She remembered her gun and rushed into the house.

질문

How old is Mary? What leads you to your answer? Why would she think of her gun when she heard the ice cream man?

단락 5

The tubes were barreling. He was stoke, so he waxed his machine. As he paddled into the line-up, a set was lined up to the horizon. He took off on the third one, pulled off a 90 bottom turn and hit the lip, did a fly-away cut-back into the soup, pulled backed into the tube and barreled for a solid five. He kicked out 200 yards down the beach.

질문

What is happening in this passage? What is a tube? How do tubes barrel? What is the lip? What is the soup?

단락 6

The innings opened briskly. Mr. Barrow, who was rather a showy bat, though temperamental, took the bowling at the factory end of the pitch and cheered the spirits of his side by producing twos in the first over. Mr. Garrett, canny and cautious, stonewalled preseveringly through five balls of the following over and then cut the leather through the slips for a useful three. (From Dorothy Sayers', Murder must advertise, 1967, p.250).

질문

What is happening in this passage? What is a first over? What is the leather that is cut through the slips? What is a useful three?

위 연구 2의 여섯 단락들 각각은 문화적인 편향을 가지고 있다. 아무런 문제없이 읽고 이해할 수 있는 단락은 어떤 것이었는가? 어려웠던 단락은?

필자는 단락 5와 6이 어려웠다. 필자는 서핑(단락 5)이나 크리켓(단락 6) 같은 스포츠를 잘 알지 못한다. 필자는 이 스포츠에 대한 배경 지식이나 플레이 또는 구경한 경험이 없기 때문에 이 구절들을 읽고서도 내용을 말하기가 어려웠다. 필자에게는 어휘가 매우 낯설어 보였다. 필자는 필자의 읽기 수업의 학생들에게 생소한 주제에 관해 읽기를 요구할 때 그들도 똑같은 일을 겪을지 모른다는 점을 상기하기 위해 이 단락들을 반복해서 읽었다.

Teachers' Voices

나는 정원을 가꾸는 취미를 가지고 있다. 나는 바깥의 먼지 속에서 일하는 것을 즐긴다. 새로 막 갈아엎은 흙냄새는 나를 사로잡는다. 나는 잔디에 씨 뿌리는 일을 좋아한다. 어떤 사람들은 이런 일이 피곤하고 지루하다고 생각한다. 나는 일을 다 마치고 나면 색다른 만족감을 느낀다. 토요일 오후에 꽃밭의 잔디를 뽑고 흙을 갈아엎고 잔디에 씨를 뿌린 다음 땅바닥에 앉으면 다른 식으로는 충족될 수 없는 만족감이 찾아든다.

내 아내와 나는 채소밭을 가꾸고 있다. 결혼 생활의 대부분 동안 내가 밭을 갈고 흙을 고르면 캐시는 실제로 채소를 심고 가꾸는 일을 했다. 우리는 꽃밭이랑 몇 가지 실내용 초본도 가지고 있다. 우리는 서로 일을 분담하고 있다. 나는 꽃밭과 실내용 초본을 돌보고 아내는 채소밭을 가꾼다.

여러 해 동안 나는 공들여 식물들을 가꾸었다. 나는 최근에 한층 공을 들여서 직접 흙을 섞었다(가게에서 푸대에 든 흙을 그냥 사다 쓰지 않고). 나는 실내용 초본에 필요한 흙 혼합의 종류에 관해 읽은 다음 지시에 따라 식물에 필요한 성장의 '기반'을 다지고, 식물의 성장에 필수적인 물과 햇빛이 적당한 양으로 공급되도록 신경을 쓴다. 나는 언제나 아프리카 제비꽃을 키울 때 '행운'이 따랐다. 내 사무실의 식물들은 건강하고 튼튼해서 일년 내내 거의 계속해서 꽃이 핀다.

최근에 나는 퇴비 저장소를 지었다. 나는 잎사귀와 깎은 풀, 톱밥, 음식 찌꺼기 등 유기물이면 무엇이든 저장소에 쏟아 붓고 휘저어서 한데 뒤섞는다. 재료들이 빨리 썩게 하려면 주기적으로 퇴비를 뒤집어 주어야 부패중인 물질들 가운데로 산소가 공급되어 유기물의 분해 과정이 촉진된다.

집에 있는 꽃밭과 실내와 사무실의 초본들, 그리고 채소밭에서 성공을 거둔 것을 되짚어볼 때, 나는 이런 성공이 처음에 정원을 가꾸는 과정에서 들인 시간과 노력에 직접적인 관계가 있음을 깨닫게 된다. 식물을 심기 전에 준비를 하는 것이 이 취미에서 성공을 거두는 비결이었던 것이다.

이것은 읽기에서도 마찬가지다. 문장 읽기를 시작하기 전에 일정한 양의 시간과 노력을 들일 필요가 있다. 제2언어 독자에게 텍스트를 최대한으로 이해할 수 있도록 접근하는 방법을 가르치는 일이 바로 제2언어 교사들이 개발하고 개선시켜야 할 교수 전략이다.

식물이 제대로 성장하려면 다양한 종류의 흙이 필요하듯이 교사들은 수업에서 독자의 사전 지식을 활성화시키기 위해 동원하는 작업을 다양화할 필요가 있다.

제2언어 학습자들은 마치 식물과 같다. 그들이 학습자로서 성장하고 향상될 수 있게끔 적당한 양의 성분을 흡수하도록 하려면 끊임없는 주의를 요한다.

Teachers' Voices

배경지식의 역할과 읽기

배경지식의 활용에 관해 질문했을 때 일단의 교사들은 다음과 같이 응답하였다.

- 배경 지식은 읽는 내용을 이해하게 해주는 렌즈와 같다.
- 배경 지식의 활용은 교사들로 하여금 읽기 전에 어휘를 풀어놓을 수 있게 해준다.

◆ SQ3R, 즉 개관(survey), 질문(question), 읽기(read), 암송(recite), 복습(review)은 수많은 교재에서 학생들에게 이용을 권장하는 일종의 배경 지식 활용 전략이다. 교사가 곁에서 상기시켜 주지 않더라도 학습자들이 스스로 이 활용 기법을 이용하는지 알고 싶다.

◆ 읽기 수업에서 우리의 목표 중 하나는 독자들에게 독립심을 키워주는 것이 되어야 한다. 배경 지식을 이용하는 법을 가르쳐주는 것은 독자들에게 독립심을 키워주는 한 가지 방법이다.

Frameworks

독자의

배경 지식은 독해력에 영향을 줄 수 있다. 배경 지식에는 삶의 체험, 교육의 체험, 텍스트가 수사학적으로 구성되는 방식에 대한 지식, 자신의 제1언어가 작동하는 방식에 관한 지식, 제2언어가 작동하는 방식에 관한 지식, 문화적 배경과 지식 등 독자가 텍스트에 동원하는 모든 경험이 포함된다. 독해 문헌에서는 배경 지식을 도식이라고 부르기도 한다.

제2언어 읽기 연구자들은 상당한 양의 연구를 수행하여 사전 지식이 활용될 때 독해력과 독해 기술이 향상된다는 것을 밝혀냈다. 데이터에 따르면 "읽기 전에 예비 작업을 통해 적절한 도식을 도입하면 커다란 효과가 있다."고 한다(Murtagh, 1989, p.102). 사전 지식이 독해력에 영향을 준다는 얘기는 의미가 오로지 인쇄된 낱말 속에만 들어 있는 것이 아니라 독자가 이해에 도움이 되는 특정한 지식을 읽기에 동원한다는 것을 말해준다. Carrell and Eisterhold(1983)는 "독자가 읽는 동안 적절한 도식을 활용하는 데 실패하면 다양한 단계의 몰이해가 초래된다."고 지적했다(p.560). 이처럼 사전 지식의 활용은 이해력을 촉진한다. 뿐만 아니라, 텍스트 구조의 지식에 관한 연구는 텍스트가 구성되는 방식에 관한 독자의 이해가 독해력에 영향을 준다는 것을 밝혀냈다. Carrell and Connor(1991)의 연구는 ESL 독자가 설명, 설득, 이야기 등의 텍스트를 읽는 능력에 대해 조사하고 있다. 그들의 연구 결과는 텍스트 구조에 관한 지식이 독해력에 영향을 미친다는 생각을 뒷받침하고 있다.

McNeil(1987)은 배경 지식의 활용이 목표 설정, 질문, 예측 등을 통해 촉발될 수 있다고 주장한다. 그는 다음과 같이 피력했다.

> 유능한 독자는 서투른 독자에 비해 더 능동적이고, 전략적이고, 유연한 방식으로 읽기에 접근한다. 서투른 독자의 수동적인 자세는 예측과 감시 활동이 결여된 데서 잘 드러난다. 이들은 질문을 하거나, 목표를 설정하거나, 대답이 얼마나 정확한지 점검하지 않는다. (p.49)

경우에 따라서는 독자들이 활용할 사전 지식이 없을 수도 있다. 예를 들어, 연구 2의 단락 5와 6에서 본 것처럼 독자는 예전에 특정한 운동을 해본 경험이 없을 수 있다. 그 운동을 하는 방법이나 용어를 알고 있지 못하면 그에 대한 읽기를 시작하기 전에 활용할 배경 지식이 없는 것이다. 그럴 경우 읽기 교사는 학생들에게 읽기를 요구하기 전에 배경 지식을 갖추어서 텍스트를 이해하는데 충분한 정보를 확보할 필요가 있다.

배경 지식의 역할과 관련하여 한가지 흥미로운 점은 그것이 부정적인 영향을 미칠 수도 있다는 것이다. 배경 지식이 이해력을 방해할 수 있는가? 예를 들어 어떤 독자는 AIDS가 어떻게 전염되는지에 대해 잘못 알고 있을 수도 있다. 어떤 사람은 키스를 하거나, 풀장에서 수영을 하거나, 악수를 하거나, 헌혈을 하면 AIDS에 걸린다고 믿을지도 모른다. 학생들이 이런 믿음을 가지고 있다면 그들의 배경 지식이 읽기를 방해할 수도 있다. 올바른 독해력을 획득하기 위해서는 교사가 읽기 전의 예비 작업을 통해 학생들의 배경 지식을 바로잡아 주어야 할지 모른다.

Investigations

3 당신이 지금 맡고 있는 읽기 수업에서 의미론 지도(地圖)를 활용하는 방안을 생각해 볼 수 있다. 이 방법을 채택하기 전에 직접 실습

을 해보는 것이 좋다. 앞으로 읽을 주제를 골라서 직접 의미론 지도를 작성한다. 동료에게 이 지도를 보여주고 읽기 수업에서 이 기법의 활용하는 문제에 관해 의견을 나눈다. (의미론 지도에 관해서는 14쪽을 참조할 것)

4 당신이 제시한 읽기 구절 중에서 독자들에게 생소했던 것을 생각해 보라. 학생들에게 읽기를 요구하기 전에 얼마간의 배경 지식을 구축하기 위해 무슨 일을 할 수 있었는가? 각자의 생각을 독해일지에 적는다.

Teachers' Voices

다음은 워싱턴 주 Bothell에 있는 Northshore 학군의 Carolyn O'Keeffe가 자신이 가르치고 있는 중학교 ESL 독자들의 배경 지식을 활성화하기 위해 채택하고 있는 몇 가지 방안에 대해 적은 글이다.

> 다음은 글 읽기에서 배경 지식을 활용하기 위해 내가 제안하고 교사들이 채택한 한 가지 재미있는 방안이다. 학생들은 교사가 이야기의 배경과 장면, 주제, 등장인물 등에 대해 설명하는 동안 귀를 기울인다. 학생들은 그런 배경, 주제, 등장인물 등에 대해 자기가 알고 있는 것을 편안한 마음으로 덧붙인다. 그런 다음 학생들에게 커다란 작도 용지(14×24)를 나누어주고 이야기 장면을 지도로 그리고 색을 칠하도록 한다. 행동을 추가하지는 않는다. 일단 이 작업이 끝나면 학생들은 자기 짝에게 자기가 그린 그림의 내용과 이유를 설명한다. 학생들은 별도의 원에 주요 등장인물을 '떠오르는 대로' 하나씩 그린다. 다시 그림을 짝에게 설명한다. 학생들은 이런 놀이를 즐긴다. 이 놀이는 학생들이 읽을 글을 고르는 일에 활기를 불어넣고, 그림을 그리고 색을 칠하는 동안 또 다른 지능을 사용하게 만든다. 학생들이 (한편으로는 학급 전체를 대상으로, 한

편으로는 짝을 지어) 이야기를 읽고 토론하는 동안 교사는 학생들에게 이야기의 중요한 줄거리를 골라서 별도의 원에 하나씩 그림을 그리고 색을 칠하도록 시킨다. 이 원들은 순서대로 놓여도 좋고, 지도 안에 배치해도 좋고, 누가 그런 행동을 했는가에 따라 표로 분류해도 좋다. 각각의 원에 줄거리를 그리기 전에 학생들은 자기가 고른 것을 짝에게 설명한다. 짝끼리 이야기를 나눈 뒤에는 학급 전체에 토론을 유도한다. 학생들에게 자기가 선택한 것을 '변호' 하도록 요구한다.

내가 읽기 수업에서 채택한 또 하나의 방법은 그림을 이용하는 것이다. 천장 프로젝터를 통해 '우리가 알고 있는 것, 우리가 예측하는 것, 우리가 발견한 것'이라는 세 개의 구절을 적는다. 학생들은 같은 내용을 자기 공책에 적는다. 학생들에게 우리가 읽게 될 챕터 내의 그림과 다른 그래픽을 보라고 한다. 그런 다음 학생들은 자기가 발견한 것을 짝에게 얘기하고 다시 학급 전체를 대상으로 토론한다. 학생들은 첫 번째 줄에 그 챕터에 대해 우리가 '알고 있는' 것을 적는다. 다음으로 학생들에게 첫 단락을 읽고 알게 된 것을 짝에게 얘기하라고 한다. 이 과정을 통해서 학생들에게 챕터의 내용을 미리 예측해 보도록 한다. 학생들은 다시 이것을 짝에게 얘기한 다음 학급 전체를 대상으로 토론한다. 학급 토론이 끝난 뒤에 학생들은 예상되는 챕터의 내용을 적는다. 학생들은 챕터를 읽으면서 자기가 알아낸 것을 세 번째 줄에 추가한다.

Investigations

5 만일 당신이 읽기 연구자에게 L2 읽기에서 배경 지식의 역할에 대해 수행한 연구에 관해서 얘기할 수 있다면 무엇을 질문하겠는가?

질문 한 가지를 골라서 구체적으로 독해일지에 적는다.

ESL/EFL 읽기 연구자를 만나게 되면 이 질문을 한다. 이메일을 통해 많은 연구자들과 더불어 읽기 이론과 수업에서 그 이론을 응용하는 문제에 관해 토론할 수 있다. 이메일을 통해 연락을 취해본다. 그런 다음 각자의 생각과 이 대화에서 얻은 것을 독해일지에 기록한다.

6 배경 지식의 역할에 관한 연구가 가르치는 데 영향을 주었는가? 어떤 방식으로? 각자의 생각을 독해일지에 기록한다.

Frameworks

사전지식을 활성화할 수 있는 교실활동

사전지식의 활용을 용이하게 하는 몇 가지 수업 방식을 준비할 수 있다. 첫째로, 예비 토론은 독자들이 하나의 주제에 관해 자기가 알고 있는 것과 다른 사람들이 알고 있는 것을 살펴볼 수 있는 기회를 제공한다. 교사는 토론이 효과적으로 진행되도록 주제에 관해 질문을 던진다. Dubin and Bycina(1991)는 예비 토론을 진행하기 위한 한 가지 아이디어를 제시하고 있다. 이들은 '단락의 내용에 관한 학생들의 지식과 신념에 문제를 제기하여 토론을 유발시키는 일련의 진술'로 이루어진 이른바 '예측 지도'라는 방법을 이용할 것을 권한다(p.202). 때로는 학생들이 특정한 주제에 관해 사전 지식을 가지고 있다는 것을 스스로 깨닫지 못하고 있지만 다른 학생들의 이야기를 들으면 자신이 읽기 주제에 관해 무언가 알고 있다는 것을 깨닫게 되는 경우가 있기 때문에 이것은 특히 유용한 수업 방식이 된다.

둘째로, 텍스트 구조의 종류와 자료의 구성에 관해 독자가 무엇을 예상할 수 있는가에 관한 예비 토론은 ESL 독자에게 매우 값진 작업이 된다. 여기에는 독자가 예상할 수 있는 전환어나 연결어에 관한 토론이 포함될 수 있다. 흔히 나오는 유용한 전환어의 목록을 보려면 47쪽을 참조할 것.

자신이 가르치는 학생들의 배경 지식을 구축하기 위해 무슨 일을 할 수 있는가 생각해 보라. 필자는 공립학교에서 언어 체험 접근법(LEA: Language Experience Approach)이라는 기법을 사용하는 것을 본 적이 있다. LEA는 학급의 모든 구성원이 함께 하나의 활동을 경험할 수 있게 해준다. 이 활동은 언어와 내용을 가르치는 기초가 된다. 이것은 언어와 내용의 교육을 통합하는 탁월한 방법이다. (내용을 중심으로 한 교육은 '교수 전략 3 : 이해력 증진을 위한 수업'에서 탐구된다.) 또한, LEA는 읽기와 쓰기의 교육을 자연스럽게 통합할 수 있는 여건을 마련해 준다.

의미론 지도

당신이 가르치는 학생들에게 결여되어 있을 수 있는 배경 지식을 구축하는 또 한 가지 방법은 의미론 지도를 활용하는 것이다. 의미론 지도는 브레인스토밍과 유사하다. 독자들에게 읽기 교재의 일부가 되는 핵심 단어 또는 개념을 제시한다. 그런 다음 독자들에게 핵심 단어에서 연상되는 단어나 개념을 이야기하도록 한다. 교재는 칠판에 그래픽으로 구성해도 좋다. 의미론 지도는 학생들로 하여금 이미 알고 있는 생각과 개념을 앞으로 알게 될 새로운 개념에 통합시킬 수 있게 해줌으로써 읽기를 시작하기 전에 배경 지식을 구축하는 데 도움을 준다. 예를 들어 고등학교 ESL 학습자들에게 AIDS에 관한 읽기 단락을 소개할 경우, 의미론 지도 방식을 활용하여 학급의 현재 배경 지식을 파악할 수 있다. 먼저 칠판 한가운데에 AIDS라는 단어를 적고 학생들에게 각자가 알고 있는 AIDS에 관한 핵심 어휘와 개념에 대해 이야기하도록 한다. 지도는 아래와 같은 모습을 띠게 될 것이다.

아래에 필자에게 도움이 되었던 매우 유익한 웹사이트의 주소를 소개한다.

<http://www.ncrel.org/sdrs/areas/issues/students/learning/lr1grorg.htm>

이 웹사이트에 가면 그래픽 구성의 예를 볼 수 있다.

텍스트 구성에 관한 사전 지식을 활용하면 독해력이 증진된다. 독자가 인과관계 텍스트를 구성하는 방법을 알고 있다면 그런 종류의 텍스

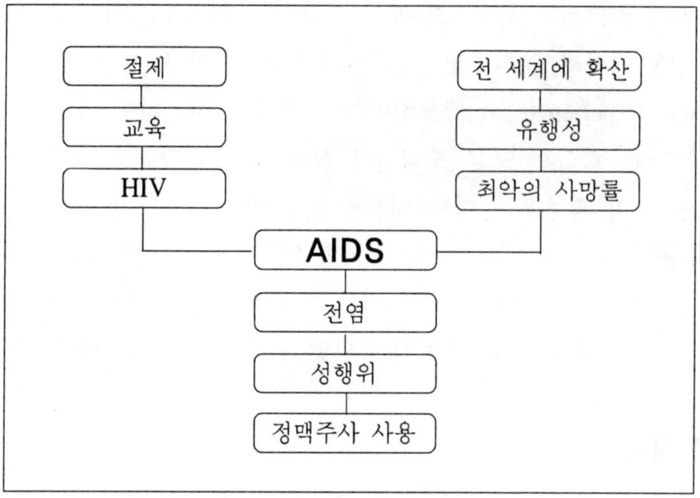

트를 이해하는 데 도움이 될 수 있다. 논점을 글로 제시하는 법을 알고 있으면 독자가 텍스트를 보다 효과적으로 읽어 나가는 데 도움이 될 수 있다. 하지만 수사학적 패턴에 대한 지식이 없더라도 독해력에는 큰 지장을 주지 않는다.

다음으로, 독자가 텍스트의 내용이 전개될 방향을 예측할 경우에는 읽어 가는 동안 그러한 가정이 입증되거나 부정된다. 이 방식은 읽기 수업의 나중 단계에서 사용하는 방식, 특히 읽기 전에 예상한 것이 읽기에 실제로 나타났는지 여부를 확인하기 위한 작업과 연계시킬 필요가 있다. Carolyn이 자신의 고등학교 ESL 수업에서 이 방법을 활용한 데 대해 보고한 바를 상기해 보라.

마지막 아이디어는 학생들로 하여금 체계적인 수업 활동 외에 읽기를 할 때 배경 지식 활용 전략의 사용을 스스로 감시하도록 하는 것이다. 정기적으로 학급 토론을 실시하고 학생들에게 학교 수업 이외의 것을 읽을 때 배경 지식을 활용하기 위해 무슨 일을 하는지 물어본다. 당신이 읽기 준비를 할 때 무슨 일을 하는지 학생들에게 들려주는 것도 도움이 될 것이다.

Teachers' Voices

Dawn은 대학교에서 과정을 이수하고 있는 학생들을 대상으로 한 영어 속성반에서 읽기 수업을 맡고 있다. 그녀는 위에서 논의한 개념들에 관해 생각해 보았다. 우리는 교사들이 읽기 과제를 수행하기 전에 학생들의 배경 지식을 활성화시키기 위해 이용할 수 있는 기법에 관해 함께 이야기를 나누었다. 다음은 그 동안 Dawn이 실험해 온 내용이다.

> 나는 지난 한 주 동안 배경 지식을 활용하는 방안에 대해 열심히 궁리했다. 나는 여러 가지 일을 시도했다. 나는 학생들에게 숙제를 내줄 때 항상 자기가 사용한 전략의 목록을 작성하도록 한다. 나는 학생들에게 제목을 보고 생각난 것이나 자기가 알고 있는 것을 적도록 한다. 학생들은 그 주제에 관해 이미 알고 있는 것을 메모한다. 나는 그들에게 각자의 학과에 관한 읽기를 하도록 한다. 나는 또한 학생들에게 메모를 한 뒤 각자의 학과와 관련된 아이디어를 교환하도록 한다.
>
> 나는 아프리카 연구를 전공하는 학생으로 하여금 스포츠 과학을 전공하는 학생에게 읽을거리를 주도록 했다. 그리고 스포츠 과학을 전공하는 학생은 아프리카 연구를 전공하는 학생에게 읽을거리를 주도록 했다. 그들은 각각 상대방의 전공 분야에 대해 잘 모른다고 생각했다. 스포츠 과학 전공자는 아프리카에 대해 아는 것이 없다고 얘기했다. 그래서 나는 아프리카의 비즈니스에 대해 알고 있는 것을 적어보라고 했다. 그는 아프리카에는 비즈니스가 별로 없지 않으냐고 했다. 왜 그렇게 생각하느냐고 물었더니 그는 아프리카는 가난한 대륙이고 사람들은 먹을 것이 없어서 비즈니스가 활발하게 이루어질 수가 없다고 대답했다. 그가 적은 내용을 보니 그가 아프리카에 대해 생각하고 있는 것들이 대부분 포함되어 있었다. 그는 아프리카가 서구에 의존하고 있고, 서구에 원료를 판 다음 그것을 다시 사들인다고 말했다.
>
> 나는 학생의 배경 지식을 활용하는 원리를 상기시켰다. 학생이

알고 있는 것을 활용하여 그로 하여금 자신이 무언가 알고 있다는 것을 깨닫게 하는 것이다. 누구나 자기가 읽는 것에 대해 약간씩은 알고 있다. 나는 수업 중에 아무도 모르는 것을 가르친 적이 별로 없다.

나는 또 이번 주에 "문명은 맥주에 빚지고 있는가?"라는 제목의 글을 읽었다. 나는 제목을 칠판에 적고 그것이 무슨 뜻인 것 같으냐고 물었다. 처음에 학생들은 전혀 모르겠다고 대답했다. 나는 어떤 뜻일 것 같이 생각되느냐고 다시 물었다. 나는 학생들을 작은 그룹으로 나누고 생각을 발표하도록 했다. 학생들은 아주 그럴싸한 생각들을 해냈다. 한 그룹은 문명이 발달하는 데는 오랜 시간이 걸리고 좋은 맥주도 숙성하는데 오랜 시간이 걸리므로 그것은 하나의 유비일 것이라고 생각했다. 그래서 그들은 이 유비를 답으로 제시했다. 두 번째 그룹은 학교와 교육이 있고 세금을 거둘 필요가 있을 때에만 문명이 발달한다는 생각에 도달했다. 세금을 거둘 수 있는 유일한 방법은 술에 세금을 매기는 것이다. 따라서 미국에서 좋은 학교 시스템을 유지할 수 있는 것은 사람들이 맥주를 많이 마시고 정부가 세금을 많이 걷기 때문이다. 세 번째 그룹은 언어의 발달 과정에 대해 생각했다. 맥주가 발견되자 사람들이 더 사회적으로 되고 따라서 언어가 발달되었다. 이런 식으로 학생들은 제목만 보고도 수많은 아이디어를 생각해 냈다.

그런 다음 나는 기사 내용을 자세히 읽어보고 누구 아이디어가 가장 가깝게 들어맞는지 확인해 보도록 했다.

나는 학생들이 집에서 읽기를 할 때 제목은 보지도 않고 바로 읽기 시작할까봐 걱정이 된다. 나는 그들에게 어떻게 하느냐고 물어본다. 학생들은 배경 지식을 활용하기 위한 이런 전략들을 실제로 응용하고 있을까? 그들은 수업에서 내가 무엇을 요구하는지 알고 있다. 하지만 나는 그들이 이것을 집에서도 실행에 옮기는지 궁금한 것이다. 그들은 제목을 보기나 할까? 몇몇 학생들은 제목을 보면 도움이 된다고 말했다.

내 학생들 중 일부는 제목을 보고 질문을 한 다음 내용을 자세히 읽으면서 답을 찾아 나갈 때 동기부여의 효과가 높아진다고 말했다.

나는 어느 날 학급에서 전기의 양전하와 음전하에 관한 TOEFL 독해 시간을 가졌다. 한 학생이 과학이라는 말을 듣고 자기는 경영학을 전공하니까 아무 것도 모를 것이라고 말했다. 그래서 나는 이 기법들의 도움을 받아 그에게 읽기를 시켰다. 이로써 학생들에게 동기를 부여할 수 있었는데, 특히 대학원생들에게 효과가 높았다.

나는 Dubin and Bycina가 배경 지식의 활용에 관해 쓴 글을 읽었다. 그들은 자극을 유발시키는 말을 활용하는 법에 대해 이야기했다. 우리는 영어에만 관련된 글을 하나 읽었다. 우리는 오직 하나의 언어만이 존재할 수 있다면 어떤 언어를 골라야 할지에 대해 토론했다. 자극을 유발시키기 위한 이 말은 학생들을 생각에 잠기게 만들었다. 만일 내가 "이것을 어떻게 생각하느냐"고 물으면(특히 오후 4시에) 아무런 응답을 얻지 못할 것이므로, 나는 도발적인 질문을 던져 생각을 하게 만들었던 것이다. 나는 그들에게 내가 영국 사람이니까 모두 영국 영어를 사용해야 한다고 생각한다고 말했다. 학생들은 내 말을 듣더니 떠들어대면서 생각들을 발표하기 시작했다.

나는 이 기법이 학생들끼리 서로 의존하도록 만들기 때문에 효과가 높다고 믿는다. 학생들은 그룹별로 생각을 발표한다. 나는 학생들이 일단 영어 속성반을 떠나면 교수들을 찾아가지 않는다는 것을 알고 있다. 읽다가 무슨 문제가 생기면 그저 당황해할 뿐이다. 그들은 학급의 동료가 도움이 된다는 것을 깨닫게 된다. 아프리카 문화에 관해 아는 것이 전혀 없으면 더 많이 알고 있는 동료에게 물어보면 되는 것이다. 대부분의 학생들은 일단 영어 속성반을 떠나면 서로 비슷한 수업을 듣게 된다. 그들은 아직도 미국 학생에게 말을 거는 것을 주저하고 있다. 하지만 학급 내의 다른 사람에게 말을 걸기는 쉽다.

이것은 어휘력과 관계가 있다. 나는 어휘력을 늘릴 것을 주문하면서, "텍스트에 나올 것이라고 생각되는 단어를 20개씩 적으라"고 요구한다. 그런 다음 그것을 동사와 형용사로 분류하도록 한다. 적어도 그들은 예상한 것을 활용할 수 있다.

Investigations

7 현재 읽기를 가르치고 있는 사람과 얘기를 나누고 읽기를 시작하기 전에 배경 지식을 활용하는지(활용한다면 어떻게 하는지)에 대해 물어본다.

8 학생이 읽고 있는 글의 종류에 따라 배경 지식 활용 기법이 어떻게 달라지는가? 예를 들어 교재의 챕터를 읽을 때와 신문의 날씨 예보를 읽을 때는 배경 지식 활용 기법에 어떤 차이가 있는가? 학생들에게 시를 읽힐 때는 어떤 준비를 할 수 있는가? 각자의 생각을 독해일지에 적는다.

9 가령 배경 지식의 활용에 관한 ESL/EFL 읽기 텍스트를 검토한다. 교재의 저자들은 어떤 식으로 독자의 배경 지식을 활용하는가? 어떤 보충 활동을 제안할 수 있는가? 동료와 함께 당신이 얻어낸 결과에 대해 토론한다.

10 만일 당신이 읽기 수업을 지도하고 있다면 이런 생각들을 시험해 보고 그 결과에 대해 짧은 보고서를 작성한다.

11 월드와이드웹에 접속할 수 있다면 TESL-L 아카이브로 들어가서 이전에 전 세계의 ESL/EFL 교사들간에 배경 지식의 활용에 관해 토론한 내용을 검색해 본다. 이메일 교환을 검토해 봄으로써 배경 지식의 활용에 관해 무엇을 배울 수 있는가? 각자의 아이디어와 생각을 독해일지에 기록한다.

TESL-L 토론 그룹의 회원이 되려면 LISTSERV@cunyvm.cuny.edu로 이메일을 보내면 된다(회원이 되면 아카이브 전체에 액세스할 수 있을 뿐 아니라 온라인 토론에 참여하고 TESL-L 특별 지부에 가입할 수 있는 기회도 얻게 된다.). 제목은 공란으로 남겨두어야 한다. 메시지의 본문은 'sub tesl-l 이름 성'의 순으로 적는다. 예를 들어 필자가 메시지에 서명을 한다면 sub tesl-l neil anderson이 된다.

12 읽기를 가르쳐본 경험에 비추어볼 때 읽기에서 배경 지식의 역할에 관한 이런 생각들이 옳다고 생각되는가, 그르다고 생각되는가? 이런 생각에 반드시 동의해야 하는 것은 아니지만, 읽기에서 배경 지식의 역할에 관해 당신이 믿고 있는 바를 다시 검토해 보고 그 이유를 생각해 보는 것이 중요하다.

맺음말

앞에서 얘기한 정원 가꾸기의 비유를 다시 생각해보자. 정원을 가꾸기 위해 하는 일은 언어 교육에도 너무나 잘 들어맞는다. 먼저 정원의 흙에 섞을 퇴비를 준비한다. 이것은 사람들이 소홀히 하기 쉬운, 독자들을 위한 배경 지식을 구축하는 일에 해당된다. 흙이 기름져야만 씨앗이 잘 자랄 수 있다. 흙을 잘 준비하면 할수록 정원도 아름답게 꾸며진다. 시간을 들여서 흙을 갈아엎고, 잡초를 뽑아주고, 성장에 적합한 환경을 만들어주면 정원은 번영하게 된다. 읽기 교실의 우리 학생들도 마찬가지다. 때로는 부족하거나 빈약한 배경 지식을 채워가면서 시간을 들여 준비를 시키면 나중에 엄청난 보상을 얻게 된다.

Carolyn and Dawn은 우리에게 자신들이 읽기 수업에서 사용하는 몇 가지 기법을 알려주었다. 읽기를 시작하기 전과 읽기가 진행되는 도중에 학생들을 아트(교양) 프로젝트에 참여시키면 다양한 유형의 학습자들의 요구를 충족시킬 수 있다. 제목을 보고 예측을 하는 것도 효과가 있는 것으로 보인다.

제2언어 읽기 연구를 통해 밝혀진 내용으로 미루어 볼 때 사전 지식의 활용은 독해력에 영향을 미칠 수 있다. 이 글의 일부를 검토해보면 읽기 교육에 대한 당신의 철학에서 이 요소를 고려해야 할 또 다른 이유를 발견하게 될 것이다.

추천도서

Partricia Carrell은 배경 지식의 역할과 제2국어 독자들에 관해 내가 알고 있는 어떤 학자보다도 많은 연구를 했다. 그녀가 이 주제에 관해 처음으로 집필하고 1983년에 출판한 두 개의 논문은 이 주제에 관심을 가진 사람이라면 누구라도 읽어보아야 할 글들이다. 이 책의 말미에 있는 참고문헌에서 Carrell, 1983a와 1983b를 찾아보기 바란다. 이 논문들에는 이후로 여러 해에 걸친 연구를 통해서 입증된 배경 지식의 역할에 관한 견해가 실려 있다. 역시 참고문헌에 실려 있는, 그녀가 1985년에 쓴 논문은 텍스트 구조가 독해력에 미치는 영향을 조망해보는 데 유용하다.

Richard Pritchard는 "문화 도식이 읽기 전략에 미치는 효과(The Effects of Cultural Schemata on Reading Processing Strategies)"(1990)라는 제목의 통찰력 있는 논문을 발표했다. 이 논문은 배경 지식의 역할과 읽기에 영향이 미치는 방식을 검토한 연구의 훌륭한 본보기이다.

Richard-Amato의 『제2언어에서의 상호 작용(*Making It Happen: Interaction in the Second Language Classroom*)』(1996)에는 예측과 기타 예비 활동에 관한 짧지만 유용한 토론이 실려 있다.

이 읽을거리들은 읽기를 시작하기 전에 배경 지식을 활용하는 일에 대한 각자의 철학을 확립하는데 참고가 될 것이다.

제 3 장
전략 2: 어휘력의 배양

Teachers' Voices

나는 약 20년간 달리기를 했다. 이 기간동안 집중적으로 달리기 운동을 했던 기간도 있었고, 나태했던 기간도 있었다. 내가 달리기를 처음 시작했을 때, 달리기에 관한 책을 읽곤 했는데, 그 책의 저자는 달리기는 단기간 동안 해서는 효과가 없으며, 지속적으로 꾸준히 하는 것이 필요하다고 말했다.

나는 마라톤에도 네 번 참여했다. 26.2마일은 아주 긴 거리이다. 마라톤 경주가 시작되기 전, 나는 마라톤 준비에 관한 책을 읽는데 많은 시간을 할애했다. 훈련 일정상 뛰는 거리를 늘려나가는 것이 필요했기에 뛰는 거리를 점검할 수 있도록 훈련 일정을 만들었다. 26.2마일을 한꺼번에 모두 완주할 수는 없었으므로, 26.2마일을 한꺼번에 완주할 수 있다는 자신감이 생길 때까지 매주 뛰는 거리를 늘려 나갔다.

내가 행한 달리기 훈련의 핵심은 전날 뛰었던 거리보다 다음날은 더 많은 거리를 뛰도록 한 것이었다. 그리고 매주 한번은 다른 날 뛰었던 거리보다 훨씬 긴 거리를 뛰도록 하였으며, 이 방법은 아주 효과적이었다. 하지만, 마찬가지로 이러한 방법을 한꺼번에 행하지는 않았다.

네 번의 마라톤 중 세 번은 혼자 훈련했으며, 경기 당일도 보조 없이 혼자 뛰었다. 하지만, 마지막 마라톤 경주는 친구와 같이 훈련했고, 경기도 친구와 같이 뛰었다. 누군가 같이 뛴다는 것은 내게 많은 도움을 주었고, 스스로 충실하도록 만들었다. 친구가 나를 기다리고 있다는 것을 알았기 때문에 매주 토요일 아침 장거리 달리기 연습을 하기 위해 일찍 일어났다.

이 논문을 쓰고 있는 지금도 몇 명의 친구와 하프 마라톤을 준비하고 있는데, 단조로운 운동 패턴에 변화를 주기 위해 매주 이틀은 웨이트 트레이닝을 하면서 달리기와 병행하고 있으며, 최근에는 자전거 타기를 추가했다. 운동을 통해 육체적으로 건강해지기 위해서는 하나 이상의 방법을 사용하는 것이 중요한데, 운동에 실증나는 것을 방지해 주기 때문이다.

이제 달리기는 내 취미가 되었다. 나는 비록 빠르지도 않고, 마라톤 경주를 할 때, 선두권에 끼어본 적도 없지만, 꾸준히 달리고 있다. 달리기는 내 운동생활에서 빼놓을 수 없는 정기적인 것이 되었다.

어휘습득은 하룻밤에 이루어지지 않는다

어휘력 습득은 나의 달리기 훈련 과정과 아주 유사하다. 학습자는 하룻밤에 모든 단어 능력을 습득할 수 없다. 어휘력 연습은 전반적인 읽기 능력 개선 프로그램의 일부가 되어야 한다. 어휘를 많이 안다고 읽을 수 있는 것은 아니다. 읽기 능력을 향상시키는 한편, 어휘학습을 정기적으로 꾸준히 병행할 때, 단어와 다른 단어가 어떻게 작용하는가에 대한 지식을 향상시키고자 하는 당신의 목표가 서서히 달성될 것이다.

Investigations

1 1장의 연구 3번, "교수법 전략에 대한 서문"(p.6)을 참고. 당신의 제2언어 읽기에 대한 정의는 어휘력에 관해 언급하고 있는가? 읽기를

가르치는 것에 대한 당신의 개인적인 지도철학은 무엇인가? 당신의 생각을 반성적 독해일지(Reflective Reading Journal)에 기록하시오.

2 1장의 연구 3번, 질문 21번, 22번을 보라. 읽기가 미숙한 사람들은 어휘력이 부족한가? 19번과 20번 질문에서 검토된바 있는 독해력이 뛰어난 사람들은 어떠한가? 당신의 생각을 독해일지에 기록하시오.

Teachers' Voices

제2언어

읽기에 관해서, 어휘력 수업이 어떤 역할을 차지하는가에 관한 Paul의 생각을 알아보도록 하자.

나는 제2언어 읽기에서 어휘력을 향상시키는 것이 가장 중요한 일 중의 하나라고 생각한다. 읽고, 읽은 것을 이해하는 것을 불꽃이라 비유한다면, 어휘력은 그것을 점화시켜주는 연료와 같은 것이다(William Grabe, Personal Communication). 이 사실은 내가 가르치는 학생들이 이야기책을 읽는 것을 볼 때 더욱 명확해진다. 대다수의 학생들은 자신들이 이해 못하는 단어를 사전에서 꼼꼼히 찾아보는 반면에, 수업시간에 연습문제를 모두 마쳐, 숙제를 하고 싶지 않은 학생들은 그림을 이용하거나, 혹은 저자가 의도하는 바를 짐작하여, 교과서의 의미를 이해하고자 애쓴다. 사전을 열심히 뒤지는 학생들은 자신들이 모르는 단어를 사전에서 찾지 않아 의미를 명확히 파악하지 않으면, 전혀 배우지 않는 것이라 생각한다. 반면에, 자신들이 두 번 다시 그 단어를 보게 되지 않을 것이라는 것을 알고 있으며, "저는 그 단어를 모르고도 그게 무슨 이야긴지 알고 있어요."라고 말하는 학생들은 모르는 단어 전부를 사전에서 찾아보는 것은 시간 낭비라 생각한다. 나는 극단적으로 대조되는 학생들의 이 두 가지 태도를 염두에 두면서 단어 수업을 진행하는데, 고지식할 정도로 사전을 찾아보는 학생들에 대해서는 사전에 대한 의존도를 조금 약화시켜주고, 단어의 의미를 항상 짐작하여 알아내려는 학생들은 단어와 문장의 의미를 짐작할 때 보다 정확히 할 수 있도록 도와줄 수 있는 교수법을 채택하여 학생들과 함께 수업을 진행했다. 학생들은 이러한 기법과 전략이 단순히 단어 그 자체를 가르치는 것이 아니라, 단어를 다루는 기술을 가르치는 것이라는 것을 잘 이해했다. 학생들은 비단 읽기뿐만이 아니라, 산수와 과학, 그리고 학생들이 듣고 있는 다른 어떤 과목에서도 이 기법을 사용할 수 있다. 이러한 교수법은 다른 모든 교과과정에도 적용될 수 있다는 사실을 입증하기 위해서, 또 이러한 일이 현실적으로 가능하도록 하기 위해서, 나는 학생들이 공부하고 있는 과학, 산수, 그리고 역사과목의 교과서를 읽기 교재로 채택했다. 이러한 방법은 학생들에게 어휘력을 향상시키고자 하는 목표와 동기를 부여한다.

L2 읽기 단계에 있는 학생들의 어휘력을 향상시켜 주기 위해서, L1 단계에서 뛰어난 읽기 능력을 보인 학생들을 자세히 관찰해 보았다. 그 이유는 그들은 읽기 과정에서 단어와 그 단어들의 역할을 연관시키는 것을 알았기 때문이다. 이러한 능력은 접두사나 어간 등의 단어 구성 요소를 인식하는 능력에만 국한되지 않고, 이야기의 한 부분을 인식하고, 그것들이 단어의 의미와 어떻게 연관되는가를 인식하는 능력, 유창하고 자동적인 어휘력, 인식하고 있는 어휘력의 풍부함, 문맥상의 실마리를 통해 의미를 유추해 내는 능력, 그리고 세상이 어떻게 돌아가고 있는가에 대한 지식 모두를 포함한다.

교사로서 내가 채택하고 있는 한 가지 전략은 단어와 문장을 적은 포스터와 차트를 벽에 많이 부착한 환경을 조성한 것이다. 학생들이 광범위하게 읽을 수 있도록 교실 벽에 책, 잡지, 전화번호부, 음식메뉴, 전단지, 신문, 요리책, 그리고 다른 읽을거리를 붙여 놓았다.

매일의 학습과정에서 드러난 최대 문제는 학생들의 말처럼 "책 속에 나온 단어의 뜻을 몰라 이해가 잘 안돼요."하는 것이었다. 나는 학생들에게 의미를 알고 있는 단어의 수를 늘려 주는 출발점을 만들어주려는 의도에서, 어휘력을 키우는 가장 성공적인 방법은 광범위한 독서라고 말해 주곤 한다. 독서는 수업 중에 읽는 것뿐만 아니라, 방과 후나 주말에 읽는 것을 모두 포함하며, 숙제 수준을 넘어, 정보 습득뿐만 아니라, 재미를 위해 읽는 독서 모두를 말한다. 의미를 파악하고 있는 단어의 수를 학생들이 늘려 나가는 것을 돕기 위해서, 나는 학생들이 숙제와 관련해서는 개인사전을 만들고, 개인적인 독서와 관련해서는 단어장을 만들도록 시켰다.

그리고 수업이 시작될 때, 나는 학생들끼리 책의 표지에 나타난 제목을 보고, 그들이 읽게 될 이야기에 사용될 단어의 종류나 형태에 대해 브레인스토밍을 하게 만든다. 그 다음은 학생들이 떠올린 단어들을 가지고 의미론적 지도를 만들고, 단어들을 관련된 개념들끼리 모으고 분류하게 만든다. 이 과정은 전체 학생이 다 함께 참여하는데, 첫 장을 통해서 앞으로 읽게 될 내용에 대해 이미 많은 지식을 가지고 출발하게 만들어 주므로, 학생들의 읽기는 출발부터 성공적이 된다. 나는 이 단계에서 이야기의 줄거리나 혹은 이야기의 주제를 짐작하는지 등에 관한 학생들의 배경지식에 대해서 더 잘 이해하게 된다. 나는 이러한 과정을 이야기책 읽기 외에도, 이론적 교과서 읽기에도 적용하는데, 이것으로 인해 나는 학생들이 어떤 단어를 편안하게 생각하는가에 대한 기본 지식을 가질 수 있다.

나는 학생들이 이야기 내용을 더 잘 파악하도록 돕기 위해서, 의미론적 지도상에 나타난 단어 중 잘 이해가 되지 않는 것을 학생들이 서로 도와가며 이해하도록 만든다. 그리고 앞으로 읽게 될 이야기 속에서 단어의 사용법 및 그 단어들이 이야기 속에서 어떤 작용을 하는지에 관해 학생들과 토론한다. 또 품사들이 우리가 교과서를 이해하는데 어떻게 작용하는지 토론한다. 이러한 연습은 학생들의 흥미를 유발시키고, 특히 생물학이나 다른 교과목에서 학생들이 새로운 내용을 접할 때 생기는 불안감을 완화시켜 준다. 이 단계에는 나도 같이 참여하여, 의미론적 지도에 그 교재의 핵심 단어가 될 단어들을 제시한다. 처음에는 학생들에게 단어의 의미가 명확하지 않을 수도 있다. 하지만, 단어들 사이의 관계가 주제와 어떤 연관을 가지는지 학생들에게 물어보는 과정을 통해서 학생들은 단어의 의미를 이해하게 된다.

다음 단계에서는 학생들이 예측한 바를 확인 혹은 수정하기 위해서, 교과서를 소리없이 한번 읽게 한다. 예측했던 것의 내용에 대한 토론이 끝나면, 핵심 단어를 학생들의 사전에 기록하게 만드는데, 그 교재를 이해하는데 있어서 요구되는 단어 중에서 보통 10개 이하의 핵심적인 단어를 사전에 적게 만든다. 학생들의 개인 사전은 아래에서 나타난 것처럼 만들도록 시킨다.

단어	쪽	교과서에 나온 문장	단어의 정의 (학생 자신의)	학생 스스로 만든 문장

핵심 단어 이외의 단어는 학생들의 단어장에 기록하게 한다. 이러한 "일단 유보한 단어 혹은, 핵심단어에서 파생된 단어"들은 이 이야기나 혹은 다른 이야기와 관련된 다른 활동에 사용될 수 있다. 학교의 학습과 별도로 진행되는 학생들의 독서에서 나온 단어들 역시 이 단어장에 기록하게 만든다. 이 단어장은 학생들 스스로의 학습장이므로, 그들이 필요한 정보는 무엇이건 기록할 수 있다. 어떤 학생들은 단어의 정의를 적고, 어떤 학생들은 자신의 모국어로 동일한 낱말을 적고, 어떤 학생들은 스스로 문장을 만든다. 핵심단어에서 파생된 단어들을 활용하고, 또 단어에 대한 인식과 유창함을 배양하기 위해 내가 잘 활용하는 것은 "단어 인식 연습(Word Recognition Exercise)"이다. 이 연습을 할 때, 나는 핵심단어, 일단 유보한 단어, 그리고 사용빈도수가 높은 단어를 모두 활용한다. 사용빈도수가 높은 단어를 사용함으로써, L1 단계에서 읽기 능력이 떨어졌던 학생들의 취약한 토대를 한층 강화시켜줄 수 있다. 이러한 연습을 할 때는, 핵심 단어를 첫 번째 칼럼에 놓고, 그 뒤에 핵심단어와 유사하게 생겨 혼동을 유발하는 네 개의 단어들을 나열한다. 그리고 그 중간의 어떤 지점에 다시 한번 핵심 단어를 적어 놓는다.

walk	walks	walked	talked	walk	wall

이때, 혼동을 유발하는 단어들 틈에서 핵심단어를 찾아 동그라미를 치는데 학생들에게 40초의 시간을 준다. 이러한 연습은 핵심단어와 핵심단어에서 파생된 단어, 철자법에 문제가 있는 단어, 단어의 발음, 언어 형태상의 변화, 동의어와 반의어, 접두사와 접미사, 그리고 어근을 구분하는 것 등에 이용될 수 있다. 읽기 능력을 증진시키기 위한 이러한 연습이 반복됨에 따라, 위에서 언급된 항목 이외에 다른 항목도 연습될 수 있을 것이다.

이러한 방법들은 학생들이 단어를 익히고 이해하는 전략을 수립하는 것을 돕기 위해 내가 사용하는 것이다. 내가 가르치는 학생 대다수는 어떤 것이 주어져도 읽을 수 있다. 학생들은 제2언어의 단어를 제대로 발음하는데, 이로 인해 다른 수업 시간에 혼동을 일으키기도 한다. 다른 교과목의 교사들은 내가 가르친 학생들이 제2언어 단어를 제대로 읽는 것을 보고, 그 학생들이 그 의미를 알고 있거나, 혹은 사전에서 찾아낼 수 있는 능력이 있거나, 혹은 의미를 알아낼 수 있는 능력이 있다고 짐작하곤 한다. 하지만 대부분의 경우에 있어, 학생들은 자신들이 읽는 단어의 의미를 이해하지 못한다. 그들은 단지 단어를 소리 내어 읽는 것에 불과하다. 나는 이런 전략을 통해 핵심단어를 이해하는 것을 강조하지만, 그 이 외의 단어에 대해서는 조금 덜 강조한다. 모르는 단어를 이해하기 위해 시간을 들이고, 광범위하게 읽는다면, 그 결과 훌륭한 어휘력이 발휘될 것이다.

Frameworks

단어의 역할과 읽기

읽기 과정에서 단어가 차지하는 역할은 제2언어 연구에 있어 한 영역을 차지하고 있다. 제2언어 읽기를 배우는 학생들 중 대다수는 "적절한 어휘력의 결핍이 교과서의 내용을 이해하는 장애중의 하나"라고 말하곤 한다. (Levine and Reves, 1990 p.37)

Grabe는 전반적인 읽기 능력을 보여주는 중요한 요인의 하나로서 어휘력을 강조했다. Nation은 교사와 학생 양쪽 모두 체계적이고 원칙적인 방식으로 어휘 공부에 접근할 것을 강조했으며(p.1), 효과적인 수업을 진행하기 위해서, 교사는 어휘력 학습을 어떻게 진행할 것인지에 대해 사전에 미리 통보하는 것이 바람직하다고 말했다. 그는 어휘력을 집중적으로 배양시키는 것이 왜 필요한지에 대한 다섯 가지 이유를 언급했다. (1) 다양한 연구 결과들은 "어휘력에 관해 무엇을 할 것이며, 어떤 단어에 초점을 맞출 것인가?"에 관해 많이 언급하고 있다(p.1). (2) 교사는 여러 가지 방식으로 필요한 어휘를 제시할 수 있는데, 어휘력 수업을 어떻게 진행할 것인가 생각해야 하며, 단어습득을 위한 여러 수업방식 중, 단지 자기 마음에 들지 않는다는 이유로 특정의 방법을 무시해서는 안된다. (3) 연구자와 학생들은 "어휘력이 언어를 배우는 데 있어 가장 중요한 요소는 아닐지라도, 아주 중요한 요인 중의 하나로 간주"한다(p.2). (4) 읽기 능력에 관한 연구결과, 어휘력은 읽기뿐만 아니라, 학습달성에 있어서도 중요한 역할을 한다. (5) "어휘력에 주의를 집중하는 것은 불가피하다(p.2)." 언어과목 수업시간에 채택되고 있는 언어 교수법과는 별도로, 제2언어, 외국어 교사들은 그들의 수업시간에 어휘력 수업을 어떻게 진행할 것인지에 대해 생각해 보아야 한다. 어휘력 수업을 어떻게 진행할 것인가에 대해 스스로 심사숙고 해 보는 것은 개인적인 지도철학의 일부이다.

나는 읽기 수업에서 어휘력이 어떤 역할을 하는가에 대해 개인적인 지도철학을 가지고 있다. 내 철학은, 우선 학생들에게 기본적인 어휘에 대해서 명쾌히 설명해 주는 것이 필요하며, L2 단계에 있는 학생들은 사용빈도가 떨어지는 단어의 뜻을 짐작하기 위해 문맥을 파악하는 것을 배워야 한다는 것이다. 이러한 나의 지도철학은 어휘력 획득에 관한 연구 결과들을 검토해 본 후 만들어졌다. Levin과 Reves(1990)는 그들의 연구에서 "일반적인 용어보다는 전문적인 용어가 학습용 교과서를 읽는 독자에게는 더 쉽다"는 사실을 밝혀내었고(p.37), 따라서, 오히려 일반적이고 기본적인 어휘력을 함양하기 위한 프로그램이 필요함을 역설했다.

McNeil은 "새롭게 획득된 단어는 단순히 단어에 대한 지식만으로 그쳐서는 안되며, 어휘력 수업을 진행할 때, 실질적인 독해 능력을 증진시키기 위해서, 새롭게 익힌 단어를 어떻게 활용할 것인가에 대해서 더욱 강조해야 한다."고 말했다(p.123).

어휘수업시 교사가 고려해야 할 질문

어휘력 수업을 진행할 때 이론적으로 가장 중요하게 고려해야 할 점은 Nation(1990)이 제안한 다음의 세 가지 질문으로 요약될 수 있을 것이다.

1. 내가 가르치는 학생들이 알아야 할 단어는 어떤 것들인가?
2. 이러한 단어들을 어떻게 학습할 것인가?
3. 그들이 알고 있는 것은 무엇이며, 또 무엇을 배워야 할 것인가에 대해 어떻게 측정하는 것이 최선인가? (p.4)

이러한 질문을 항상 염두에 둔다면, 어휘력 수업을 효과적으로 진행할 수 있을 것이다.

어휘력 배양을 위한 교실 수업 활동

이러한 이론적 배경은 자연스럽게 교실에서 실시 가능한 수업방식과 연결된다. Nation(1990)은 언어 교사들이 어휘력 수업을 진행할 때, "직접적 방법과, 간접적인 방법 사이를 구분할 것"을 권유한다(p.2). 이런 목적 아래에, 어휘력 수업이 언어학습과 통합되어 질 수 있는 네 가지 방법을 제안했다. 이 방법들은 어휘력을 가르치는 "가장 간접적인 방법에서 가장 직접적인 방법"의 순서로 제안되어 있다. (1) 교과서에 나온 단어들을 신중하게 다루어 언어학습에 요구되는 재료들을 명확히 준비 (2) 의미를 잘 모르는 단어는 쓰여 있는 그대로의 단어상태로 그 단어에 대해 토론할 것. Nation은 이러한 방법은 가장 일반적인 어휘력 수업방식이라고 지적한다. (3) 다른 언어활동과 연관하여 단어를 가르침. 예를 들어, 문장을 읽거나, 듣기 전에 학생들이 핵심 단어에 대해 먼저 선행 학습을 하도록 Nation은 제안했다. 어휘력 연습은 언어활동 다음에 뒤따를 수도 있다. 여기서 Nation이 말하고자 하는 바는 어휘는 다른 언어활동의 일부로서 학습된다는 것이다. 앞에서 언급한 것처럼, 이러한 것은 하나의 기능으로서 작용하거나, 독자의 사전 지식을 넓히는 역할을 한다. (4) 어휘를 다른 언어 수업과는 별도로 독립하여 가르친다. 이러한 어휘 수업방식에 포함되는 실질적이고, 전형적인 수업방식은 철자규칙의 파악, 단어 구조의 분석, 암기 기법, 하나의 문장을 다른 형태의 문장으로 전환하는 활동(패러 프레이징), 그리고 단어 퍼즐 등이 포함된다.

Nation(1990)과 Cohen(1987)은 제2언어를 배우는 학생들이 새로운 어휘를 습득하고자 할 때 도움이 되는 네 가지 방법을 제시했다. 그들이 검토한 네 가지 기법은 기계적인 반복, 문맥의 사용, 암기법적 기법, 그리고 단어 구조의 분석이다.

기계적인 암기

기계적인 암기와 반복은 하나의 단어를 학습자가 완전히 익혔다고 느낄 때까지 계속해서 반복하는 것을 의미한다. 이러한 학습 방법으로부터 효과를 얻는 학습자에게 학습용 카드는 유익한 도구가 될 수 있다.

문맥을 통한 단어 파악

문맥을 통해 단어의 의미를 파악하는 것은 읽기를 가르치는 교사들이 제시하는 가장 일반적인 어휘력 획득 기법이다. Clark와 Nation(Nation이 인용 1990)은 이러한 방법을 가르칠 때 제시될 수 있는 명확한 다섯 가지 단계를 밝혔다. 나는 문맥에 의해 단어의 의미를 파악하는 것을 학생들에게 가르치고 있는 교사들에게 이 5단계가 적절한 것인지 고려해보고, 이러한 단계들을 그들의 특정 수업상황에 어떻게 적용할 것인지에 대해 생각해 보라고 교사들에게 권고하고 싶다.

- 1단계 : 모르는 단어를 파악하고, 말속에서 그 품사를 파악한다.
  그것은 명사인가? 아니면, 동사, 형용사, 혹은 부사인가?

◆ 2단계 : 모르는 단어가 포함된 절이나 문장을 보라. 만약 그것이 명사라면, 그것을 한정하는 형용사는 무엇인가? 근접한 동사는 무엇인가? 즉, 이 명사는 어떤 역할을 하며, 어떻게 수식되고 있는가? 만약이 그 단어가 동사라면, 어떤 동사와 병행하여 쓰이고 있는가? 부사에 의해 한정되고 있는가? 만일 형용사라면, 어떤 명사와 같이 쓰이고 있는가? 그리고 그것이 부사라면, 어떤 동사를 수식하고 있는가?

◆ 3단계 : 모르는 단어를 포함하고 있는 절 혹은 문장과 다른 문장 혹은 문단 사이의 관계를 주목하라. 이러한 관계는 때론 but, because, if, when 등의 접속사나, 아니면, however, as a result 같은 부사에 의해 표시되어 나타난다. 하지만 종종 그러한 신호가 없는 경우도 있다. 이러한 관계는 인과관계, 대조, 포함, 시간, 예증, 그리고 요약 등으로 나타난다. 구두법 역시 하나의 단서가 될 수 있다. 세미콜론은 종종 포함 관계를 나타내는 부호이다. dash는 부연설명을 나타낸다. This나 혹은 that, such 같은 지시어들도 유익한 정보를 제공한다.

◆ 4단계 : 단어의 의미를 추측하기 위해 1단계에서 3단계를 통해 획득한 정보를 활용한다.

◆ 5단계 : 추측이 정확한지 점검한다.

a. 단어의 품사에 대한 추측이 정확하였는가? 만일 틀렸다면, 추측이 잘못되었다.

b. 추측한 뜻과 그 단어를 서로 대체해 봤을 때 의미가 통하는가? 의미가 통한다면, 추측은 십중팔구 정확한 것이다.

c. 단어를 접두사, 어근, 접미사로 쪼개어 보라. 접두사와 어근의 의미가 추측한 바와 호응한다면, 훌륭하다. 아니라면, 당신이 추측한 것을 다시보라. 하지만, 문맥상 당신이 합리적으로 추측하였다고 확신한다면, 아무것도 바꾸지 말라.

[d.] 사전을 사용하는 것은 (추가적인) 점검법이 될 수 있다. (pp. 162–3)

이 5단계는 모르는 단어의 의미를 파악하기 위해, 문맥을 어떻게 이용할 것인지에 대한 지도방법을 모색하는 교사들에게 출발점을 제시한다.

어휘습득을 위한 암기적기법

암기기법은 새로운 단어를 기억하는데 있어, 널리 쓰이고 있다. 이러한 기법은 학습자가 자신의 모국어에서 그 새로운 단어와 유사하게 발음되는 단어를 찾아, 정신적인 이미지를 창출하여 모국어를 새 단어와 연관짓는 과정과 결부되어 있다. Nation은 parrot이라는 영어 단어를 배우는 인도네시아 학생을 한가지 사례로 보여준다. 인도네시아 말로 parit은 영어의 ditch를 뜻하는 데, 영어 parrot의 발음과 유사하다. 학생은 도랑(ditch)에 있는 앵무새(parrot)의 이미지를 만들어 낸다. 이러한 정신적인 이미지가 비일상적인 것일수록, 학습자가 기억해내기는 더 쉬우며, 그 결과 그 새로운 단어의 의미도 더 쉽게 기억하게 된다.

단어분석기법

단어구조분석기법은 학습자들이 접두사, 어근, 접미사 등에 대해 공부할 것을 요구하며, 그리고 이러한 지식을 새로운 단어를 이해하는데 활용하도록 권한다. Nation(1990)에 의하면, 학습자가 이러한 단어분석기법을 활용하려면 세 가지 기술이 요구된다고 한다. (1) 단어를 그 구성요소로 나누어 인식하는 능력. 이 능력은 학습자가 단어를 그 구성요소로 자꾸 나누어 봄으로써 가장 잘 개발될 수 있다. (2) 접두사와 어근의 의미에 대한 학습. 핵심적인 접두사와 어근의 의미에 대한 단순암기가 권장된다. (3) 접두사와 어근의 활용. 학습자는 접두사와 어근을 묶어 새로운 단어를 창조하고, 이러한 결합이 어떻게 새로운 단어의 의미를 만들어내는가에 대해 인식할 수 있어야 한다.

접두사, 접미사, 어근의 의미를 아는 것은 잘 모르는 단어의 의미를 짐작하는데 있어 하나의 전략이 될 수 있다. 아래의 표는 접두사와 어근으로 결합되어 있는 14가지 핵심단어를 나열하고 있다. 이 14가지 단어를 이해한다면, 영어로된 14,000개 이상의 단어의 의미를 유추해 낼 수 있다(Nation, 1990).

THE FOURTEEN WORDS

Words	Prefix	Common Meaning	Root	Common Meaning
1. precept	pre-	before	cept	take, seize
2. detain	de-	away, down	ten, tain	hold, have
3. intermittent	inter-	between, among	mis, mit	send
4. offer	ob-	against	fer	bear, carry
5. insist	in-	into	sist	stand
6. monograph	mono-	alone, one	graph	write
7. epilogue	epi-	upon	logue	say, study of
8. aspect	ad-	to, toward	spect	see
9. uncomplicated	un-	not	plicate	fold
	com-	together, with		
10. nonextended	non-	not	tend	stretch
	ex-	out, beyond		
11. reproduction	re-	back, again	duc, duce,	lead
	pro-	forward, for	duct	
12. indisposed	in-	not	pose	put, place
	dis-	apart, not		
13. oversufficient	over-	above	ficient	make, do
	sub-	under		
14. mistranscribe	mis-	wrong	scrip, script,	write
	trans-	across, beyond	scribe	

Investigations

3 만일 지금 현재 ESL/EFL 읽기 과정을 가르치고 있다면, 14개 핵심 단어를 적어놓은 상기의 표를 학생들에게 주고, 암기하도록 만들 것. 이러한 접두사와 어근을 가지고 있는 단어가 들어가 있는 문장들을 찾아보고, 접두사와 어근의 의미를 알고있는 것이 읽기 과정에서 어떻게 어휘력을 증진시키는 열쇠가 되는지 알도록 할 것.

4 ESL/EFL 읽기 교재 중에서 하나를 골라서 그 안의 지문들 중, 위 14개 핵심단어 리스트에 나타난 접두사와 어근이 얼마나 자주 등장

하는지 점검하라. 위 리스트를 학생들에게 가르치는 것에 대해 어떤 가치를 느끼는가? 당신의 견해를 독해일지에 적으시오.

Teachers' Voices

읽기 과정에서 접하게 된 의미를 모르는 단어의 의미를 문맥속에서 짐작하는 방법을 학생들에게 어떻게 가르칠 것인가에 대해 Paul은 다음과 같이 서술했다.

> 문장 속에서 의미를 모르는 단어를 찾아내어, 그 단어가 문장 속에서 어떤 역할을 하고 있는 지 짐작해보는 것은 또 다른 전략의 하나이며, 이것은 어휘력을 증진시키는데 있어 매우 중요하다. 이야기 책이나 이론적 교과서 속에서 자주 사용한다는 세 가지 기법에 대해 검토해 보았는데, 이러한 기법은 수업 시간 중에 모든 학생들에게 직접적인 방식으로 가르친다.
>
> 종종 나는 그 전략을 롤-플레잉(roll-play)해 볼 것인데, 한 문장 혹은 여러 문장들을 읽고나서, 모르는 단어의 의미를 짐작해 본다. 만일 그 단어가 문장의 전체 맥락을 이해하는데 중요하지 않다는 결정을 내린다면, 또 다른 차후 단계를 밟아 나가는 전략들을 경험할 것이다. 이 활동은 내가 종종 학생들과 함께 하는 활동 중의 하나로 우선 학생들을 그룹으로 만들어 실시하게 한 후에 나중에는 전체 학급을 대상으로 실시한다. 이 활동은 위에 언급된 전략을 광범위하게 실시해 볼 수 있으며, 전체 학급을 대상으로 실시할 수 있다. 이러한 활동은 단어의 정의찾기, 바꿔 말하기, 동의어와 반어의 찾기 등을 찾아 낼 때, 효과적이라는 것을 발견했다. 아래의 보기는 푸에르토리코의 전설 "게으른 피터와 그의 삼각모자(Lazy Peter and His Three-Cornered Hat)"에서 따온 것이다.
>
> Lazy Peter disposed of, got rid of, three bags of money.

Seeing the bag of money was such a surprise, the farmer stood with his mouth open in astonishment.

The farmer offered a thousand Pesos, Spanish coins, for the hat.

첫 번째 사례를 가지고 각 전략의 단계들을 롤-플레이(roll-play) 해 본다고 가정하면, 우선 "disposed of"가, 문장 속에서 어떤 역할 및 기능을 하고 있는지 파악해 본다. "Lazy Peter" 뒤에 오므로 동사일 거라고 가정한다. 그리고 이 단어는 끝이 "-ed" 혹은 "-d"로 끝난다. 그리고 문장내에 다른 동사가 존재하는 것 같지 않다. 그 결과 이 단어는 동사가 틀림없으며, 따라서, 문장의 의미를 파악하는데 있어 핵심적인 단어다. 그 단어 주위에 다른 단서들이 보이는가? 다음에 오는 세 단어는 콤마로 시작되고 있다. "Got rid of"의 의미는 "disposed"의 의미가 될 수 있다. "disposed" 대신에 "got rid of"를 사용했을 때 의미가 통하는가? Lazy Peter got rid of the three bags of money. 맞다. "disposed of"는 "got rid of"을 뜻함이 틀림없다. 학생들이 이러한 기법을 더욱 자주 사용할수록 그 과정은 자동적으로 일어나게 된다.

두 번째 사례에서도 롤-플레이는 첫 번째 사례와 비슷할 것이다. 콤마까지의 첫 번째 문장은 이해 가능하다. 두 번째 문장의 "the farmer stood with this mouth open" 역시 이해 가능한 문장이다. 마지막 부분의 의미를 파악하는 방법은, 농부는 놀라서 입을 딱 벌리고 있었을 것이므로, (the farmer was surprised, standing with his mouth opened in surprised) 따라서 astonishment는 surprise의 의미와 같음이 틀림없다.

마지막 세 번째 보기를 보면, thousand는 형용사임을 알고 있으므로, Pesos는 아마 명사이며 복수형일 것이다. 왜냐하면, thousand는 한 개 이상을 나타내기 때문이다. "Offered"는 동사인데, 그가 무엇을 offer했다는 말인가? 아마 Pesos일 것이다. 따라서 이 단어의 의미는 문장의 의미를 이해하는데 중요하다. Pesos 다음에 나오는 단어들이 콤마로 둘러싸여 있으므로, 아마도 Pesos의 의미는 콤마속 단어속에 있을 것이다.

Frameworks

빈도 리스트

내가 흥미롭고 유익하다고 생각하는 어휘연구 분야중 하나는 단어의 빈도리스트를 사용하는 것이다. 평균적인 교과서에서 나타나는 모든 단어의 약 80%정도를 설명할 수 있는 단어는 약 2,000개 정도이다 (Coady et al., 1993). 사용빈도가 높은 이러한 단어를 이미 알고 있다고 가정할 때, 교사들은 어떻게 가르치면 이러한 단어를 자동적으로 인식하도록 만들 수 있을까 생각해 보아야 한다.

Coady et al.(1993)에 의하면, 이러한 단어는 너무도 자주 등장하는 것이기 때문에, 이러한 단어들을 가르치기 위해 시간을 들이는 것은 정당한 사유가 되며, 이러한 어휘들은 문맥 속에서 직접 가르칠 때 가장 잘 전달된다고 한다.

Teachers' Voices

Rachel은 단어분석기술 개발 및 제2언어 학습자에 관해 흥미로운 질문들을 한적이 있다. Rachel은 한번도 가르친 경험이 없었으므로, 그녀가 이러한 방법을 적용하려할 때, 그녀의 머리속에는 아래와 같은 질문들이 떠올랐다.

> 나는 개인적으로 어휘력을 배양 하는 것이 가장 중요한 일이라 생각한다.
>
> 단어분석기술을 예로 들면, 학생들이 단어를 분석해 놓고도, 잘못된 의미를 파악하는 경우가 반드시 있을 것이다. 그리고 그들은 실제로는 그 단어의 의미를 제대로 알지 못하는데도, 제대로 알고 있다고 생각할 것이고, 이는 문제를 유발하게 될 것이다. 다

른 교과서에서 그 단어를 다시 접하게 될 때까지도, 그들은 자신이 단어의 의미를 잘못 이해하고 있다는 사실을 깨닫지 못할 것이다. 그리고 그들은 그 교과서를 읽는 동안 교과서의 의미를 잘못 이해하고 있다는 사실을 깨닫지 못할 것이다.

접두사 in을 예로 들면, 어떤 경우에는 "not"을 의미하고, 다른 경우에는 "in"이나 "into"를 의미한다.

Insect같은 단어는 어떠한가? 단어 첫머리의 "in-"은 반드시 접두사로 사용되고 있는것은 아니라는 사실을 학생들에게 가르칠 필요가 있다.

접두사처럼 보이는 경우와, 접두사처럼 보여도 실제로는 접두사가 아닌 경우를 학생들은 어떻게 분간할 수 있는가?

이러한 능력은 교육을 통해서 함양되고, 또 이미 내가 알고 있는 사실을 많이 포함한 교과서를 자주 접해 봄으로서 가능하다고 생각한다.

아무도, 내게 insect라는 단어는 접두사의 의미와는 관계가 없다는 것을 가르쳐주지 않았다. 그렇다면, 내가 그것이 접두사가 아니라는것을 어떻게 알고 있었던 것일까? 아무튼, insect의 "in-"이 접두사가 아니라는 것을 지금 막 알게 되었다. 그것은 아마도, 개가 이미 insect의 의미를 알고 있었기 때문일 것이다.

만일 학생들이 insect라는 단어를 이전에 한번도 본적이 없고, 지금 막 알게 되었다고 하자. 그리고 그 단어를 분석하여, 접두사 "in-"을 파악했고-아닐수도 있지만-, "sect"는 section이나 혹은 divide를 뜻하는 접미사이다. 그렇다면, 그들은 not divided라는 의미로 파악하게 될 것이다. 그들이 not divide는 insect의 의미가 아니라는 것을 어떻게 알 수 있는가?

이는 단어분석전략에 대한 평가와 관련되어 있다고 생각한다. 언젠가, 학생들은 단어분석전략을 insect에 적용했던 방법이 잘 못되어 있었음을 알게 될 것이다. 그리고 나는 곧 보게 될 것이다.

Rachel은 아마도 학생들이 insect의 "in-"을 "in"이나 "into"로 해석하여, "cut into"나 혹은 "divided into"로 해석한 경우도 덧붙였을 수도 있다(이는 실제로 이말이 파생된 것으로 곤충의 분할된 몸통을 의미한다.). 물론, 이러한 의미로부터 insect의 실제의미를 유추해낼 가능성이 있는 것은 사실이다. 하지만, 실제의미를 유추해내는데 유용한 방법은 아니다. Paul은 2단계에 있는 학생들에게 접두사와 접미사를 가르쳤던 경험이 있으며, 그는 다음과 같이 말하고 있다.

> 학생들이 경험하는 또 다른 어려움은 접두사와 접미사를 그들이 이미 알고 있는 단어에 붙이는 것이다. 나는 학생들의 단어장에 unfortunate, misunderstood, graceful, unhappy 등의 단어를 기록하도록 하여, 그 단어를 보고 다른 단어를 인식하는지 알아보았다. 학생들이 unhappy를 먼저 보도록 하고, happy를 보게 할 경우, 그들은 happy는 이해하지만, unhappy는 이해하지 못한다고 말했다. 대다수의 경우에 위와 같은 단어들은 사전에서 찾기 힘든 경우가 많다. 학생들에게 happy라는 어근에 'un'이 문두에 붙는 경우에 대해 말하고 있다고 하니, 그들은 접두사와 그 부정적 의미를 기억해 내었다. 어간, 접두사, 접미사를 인식하는 것은 어휘력 개발 전략과 관련된다. 학생들에게 연습문제를 개별적으로 혹은 전체 학급이 같이 풀어보게 했다. 학생들이 어간, 접두사, 접미사라는 개념을 염두에 두면서, 단어를 개별적으로 보는것이 아니라, 문맥과의 관계 속에서 연습문제를 풀게 했다.
>
> 지식이 전달되는 순간은 수업이 진행되는 그 순간에 국한된 것만은 아니다.
>
> 연습문제를 푼 3일 뒤 "misunderstood"라는 단어가 등장하는 문장을 한 학생이 읽다가 난관에 부딪혀, "이 단어의 뜻을 잘 모르겠어요, 사전에도 안나와 있어요, 무슨 이야기인지 통 모르겠습니다"라고 그 학생은 호소했다. 이 순간 나는 3일전 수업내용을 복습해보고, 그 학생이 그 단어를 다시 보게 한 후, 그 단어 속에서 그가 이해하는 단어를 찾도록 만들었다. 그 학생을 위해 내 자신이 단어 속에서 이해되는 단어를 찾아내어 어휘 개발 전략을 수행했다. 나는 "understood"를 식별해 낸 후에 문두에 나온 "mis"에 지적했다. 3일전 수업내용을 학생에게 회상시킨 후 "mis"는 의미를 변화시킬 목적으로 어간 "understood"에 붙은 무엇이라 설명해 주었다. 이 정도 되니, 그 학생은 뭔가 낌새를 알아차리고, 접두사로

서 쓰인 “mis”의 의미를 기억해 내었다. 수업내용이 실제상황이나, 과학책에서도 적용되듯이, 학생들은 사흘전에 실시했던 연습문제를 이해하기 시작했다. 그리고 그들은 광범위한 독서와 연습이 왜 중요한지 깨달았다. 사흘전의 수업 도중에는 지식의 전달이 발생하지 않았으나, 오늘 수업 중간에 한 학생이 난관에 부딪혀 더 이상 앞으로 나갈 수 없게 되었을 때, 복습을 통해서 접사와 의미의 연관에 대해 이해시키게 되었다.

Frameworks

컴퓨터 응용과 소프트웨어

Paul Nation은 Vocab Profile이라는 컴퓨터 프로그램을 만들었는데, 이 프로그램을 가지고 독해용 지문을 실행시키면, 원문과 단어의 사용 빈도를 비교할 수 있다. 이 프로그램은 DOS용으로 제작되었다. 또, Vocab Profile을 사용하면, 지문속에서 몇 %정도의 단어가 여러 단계의 난이도를 가졌는지 알 수 있다. 또 이 프로그램을 사용할 경우, 두 가지 지문을 비교하여 동일한 단어가 얼마나 사용되었는지, 그 단어들이 어떤 점에서 차이가 나는지 조사하는 것도 가능하다. 이 논문이 발간될 당시 Vocab Profile을 다운로드 받을 수 있는 웹사이트는

<http://www.stir.ac.uk/epd/celt/staff/higdox/listers.htm#nation.>

Investigations

5 인터넷에 접속하는 것이 가능하다면, Nation의 Vocab Profile을 다운받아, 현재 사용중인 읽기 교재에 적용해 보라. 현재 사용하고 있는 교재는 어떤 난이도를 가지고 있는가?

Frameworks

컴퓨터 소프트웨어

매킨토시 컴퓨터용으로 만들어진 소프트웨어는 New Lexis이다. 이 프로그램을 가지고 사용빈도가 높은 단어를 개인적으로 연구할 수 있으며, 사용자는 문맥을 통해 단어를 익힐 수 있다. 이 소프트웨어가 제공하는 연습과정은 다섯 가지이다. (1) 정의에 맞는 단어찾기 (2) 단어에 맞는 정의찾기 (3) 단어를 채워 넣어 완전한 문장 만들기 (4) 빠진 단어 철자 입력하기 (5) 정의되고 있는 단어의 철자 입력하기

이 프로그램에 사용되고 있는 단어는 현재 100단어씩 한 세트로 묶여, 총 64세트의 단어가 다루어지고 있다. 사용되고 있는 단어는 Nation과 Magoto(n.d)가 저술한 University Word List에서 사용하고 있는 단어들과 연결되어 있다. 단어의 난이도는 초급부터 고급까지이다.

용어색인

어휘력 수업을 진행하는데 컴퓨터가 유용하게 사용될 수 있는 다른 방법은 용어색인이다. 용어색인기는 전문 연구가에 의해서 사용되는 것으로 한때 간주 되었으나, 최근에는 언어 교사들도 유익한 도구로 활용하고 있다. MonoConc라는 용어색인기는 <http://www.athel.com/mono.html.>에서 사용할 수 있다. 교사들이 용어색인기를 사용하면, 몇 개의 지문을 사용하여 어의적, 통어적, 의미론적인 패턴을 검토할 수 있다. 예를 들어, 수업시간에 발표하고자 하는 AIDS에 관한 네 가지 지문이 있는데, MonoConc는 어휘의 빈도수를 조사하는데 이용될 수 있다. 용어 색인기는 읽기 교재로 활용하고자 하는 지문에서 사용빈도가 높은 단어를 알아내는데 유용하게 쓰인다. 용어색인기는 유용한 도구인데, 종종 교사들이 잘 모르는 경우가 많다.

Investigations

6 새로운 어휘집 데모버전, Hyperbole Software를 입수하라. 이 논문이 발간될 당시 그 데모 프로그램을 입수할 수 있는 주소는 “5 sunnyside Drive, Athens, OH45701-1919 USA이었다. 이 소프트웨어를 사용해 보라. 이러한 형태의 어휘학습이 학생들에게 어떤 형태로 도움을 주는가? 학생들에게 이 데모버전의 프로그램을 사용하도록 해보고, 이러한 형태의 어휘학습에 대한 그들의 반응은 어떠한지 파악해보라.

7 인터넷에 접속 가능하다면, 용어색인 프로그램인 MonoConc를 다운 받아서, 현재 읽기교재로 사용하는 것에 적용시켜보라. 그 처리과정에서 무엇을 배우는가?

8 어휘수업의 한 사례로서 ESL/EFL의 읽기 교재를 검토해보라. 그 교재들은 어휘습득을 어떤식으로 행하고 있는가? 그 교재의 접근방식이 어휘습득이란 목표에 적절한 것인가? 어휘수업을 진행할 때, 이 교재가 간과하는 부분을 어떤 방식으로 보완할 것인가?

9 현재 읽기 수업을 담당하고 있는 교사들과 토론해보고, 어휘력 증진 수업을 별도로 진행하는지, 어떻게 진행하는지 알아보라.

10 현재 읽기 수업을 담당하고 있고, 학생들이 무엇을 필요로 하고 있는지 알고 있다면, 어휘력 수업에 가장 효과적인 접근방법은 무엇인지 생각해보고, 현재까지 검토해본 어휘 교수법을 시험해 보라. 그리고 학생들의 반응을 기록해라. 학생들의 반응에 당신은 어떤 조치를 취했는가? 당신의 생각을 독해일지에 기록하라.

Frameworks

인터넷자료

인터넷은 교사들이 이용 가능한 훌륭한 교육 자원이다. 나는 아래의 웹사이트들이 어휘력 기술을 개발하는데 있어서 흥미롭다는 사실을 알게 되었다.

<http://www.aitech.ac.jp/-teslj/cw>
이 사이트에는 어휘력을 개발하기에 뛰어난 크로스워드 퍼즐이 있다.

<http://www.grove.ufl.edu/~tsniad/>
ESL 단어 보강 사이트로 각종 자료들, 온라인 연습문제, 활동등을 한군데 모아 놓았다.

<http://www.swan.ac.uk/cals/bibl/varga97.html>
이 사이트는 각종 조사 논문들과 자료에 관련된 문헌들을 가지고 있다. 만일 97 대신 96을 상기 사이트 주소에 입력하면, 1996년에 출간된 자료들을 볼 수 있다. 물론 95를 입력하면, 95년도 출간 자료들이 나온다. 이 문헌보관 사이트에서는 1991년도 자료부터 1997년도 자료까지 검색이 가능하다.

<http://www.eslcafe.com>
Dave Sperling's ESL Cafe는 어휘력과 관련된 활동 그 이상의 콘텐츠를 가지고 있다. 수업계획, 게임, 그리고 각종 자료들이 이용 가능하다.

<http://www.swan.ac.uk/cals/vlibrary/pm96d.html>
Paul Meard가 주관하고 있는 웨일즈 대학 소재의 Vocabulary Acquisition Research Group의 가상 도서관.

Investigations

11 인터넷에 접속 가능하다면, 위에 열거한 다섯 가지 사이트 모두 접속해보고, 위 사이트에서 유익하다고 생각되는 것들을 독해일지에 기록하라. 위 사이트에 있는 활동들은 당신이 어휘력 기술을 개선하는 것을 어떻게 돕는가?

Frameworks

읽기 재료의 신뢰성에 대해 교사들은 동료들과 종종 토론한다. 모든 교사들은 학생들이 진정한 읽기의 세계와 조우할 수 있도록 만들어 주는 좋은 교재를 사용하고 싶어한다. 이런 교재들은 어휘력 수업에 대해 다양한 자료를 제공한다. 중급이나, 고급의 숙련단계에서는 좋은 교재를 찾기란 그리 어렵지 않다. 학생들에게 무엇을 읽고 싶은지, 또 무엇을 읽어야 하는지 물어보고, 그러한 교재를 수업에 사용하라.

어휘수업을 위한 실제적 자료 사용

숙련반의 경우라 하더라도, 첫 시작의 경우에는 믿을만한 교재를 사용하는 문제는 더욱 어렵다. 십대나, 어른들을 위한 적당한 교재를 찾는 것은 대다수의 교사들에게 힘든 문제이다. 하지만 이정도 단계의 언어 숙련도를 가진 경우에는 학생들의 읽기 수준에 맞춰 교재를 채택해야 한다는 사실을 발견했다. 그리고 내가 준비한 교재를 사용하여, 학생들이 실제적인 읽기 활동에 참여하도록 유도해야 한다고 확신한다. 첫 시작단계에 있는 학생들을 위한 훌륭한 교재를 찾는 것이 어렵다고 핑계 대기 보다는 읽기 교재를 제대로 사용하는 것을 연구해 보는 것이 더 많은 이득을 가져다 줄 것이다.

Investigations

12 신뢰할 만한 지문을 찾아보라. 그리고 단어들을 검토해보고, 학생들의 어휘력 기술을 높여줄 적당한 방법을 결정하라.

Teachers' Voices

Rachel은 읽기에 필요한 요인들은 어떻게 통합되어지며, 왜 분리하여 생각할 수 없는가에 대해 밝혀주는 흥미로운 사실에 대해 생각해 냈다. 어휘력을 기르는 것과 읽는 속도가 빨라지는 것 간의 관계에 대해 분석해 놓은 그녀의 글을 읽어 보자. (“수업전략 4-읽는 속도의 향상”에서 보다 상세히 다룰 것임)

> 어휘력 공부 전략은 학생의 읽는 속도에 영향을 미친다. 한 학생이 읽는 도중 어떤 단어를 접하고, 그것의 의미를 해부해 보기로 결정한다. 그 학생은 읽기를 중단하고, 그 단어를 분석할 것이다. 다시 읽다가 다른 단어에 부딪힌다. 이번에는 의미를 짐작하기 위해, 문맥을 사용한다. 이 학생은 결국 읽는 속도가 느려진다.
>
> 나는 SQ3R이라는 읽기 전략과의 관계를 이해한다(survey, question, read, recite, review). 어휘학습은 SQ3R의 읽기 국면에서 발생하는 것이 아니다. 단어학습은 조사(survey), 질문(question), 그리고 검토(review)에서 발생할 것이다. 흥미롭다.

Frameworks

어휘습득과 학습스타일

이 책을 읽는 여러분이 마지막으로 생각해 봐야할 문제는 학습방법이 어떻게 어휘력 배양에 영향을 미치는가 하는 문제이다. Joy Reid(1995)는 어떤 학생들은 혼자 공부하기를 좋아하고, 어떤 학생들은 그룹을 지어 공부하는 것을 선호한다는 가설에 정하고 이에 대해 조사해 보았다. 읽기 수업 시간 중에 어휘력을 함양하는 것에 대한 당신의 교육철학을 개발하는데 있어 개인별로 학습할 것인가 아니면 그룹별로 학습할 것인가에 대한 선호도는 당신의 흥미를 끌 수 있는 변수이다. 나는 이 책에서 논의된 학습전략을 사용함에 있어, 개인별 학습활동과 그룹별 학습활동 양쪽 모두를 사용하도록 노력할 것이다. 그룹을 지어 공부하기를 선호하는 학생들은 혼자 공부할 때보다는 다른 학생들과 함께 공부할 때 더욱 많은 단어를 익힐 것이다.

Levine과 Reves(1990)는 어휘력 수업을 진행할 때, 빈번히 반복하는 것이 강조되어야 한다고 지적했다(p.45). 모든 학생이 동일한 방식으로 어휘를 배우는 것은 아니다. 그리고 모든 단어가 한 방식으로 획득되어지는 것도 아니다. Levine과 Reves는 "교사들은 학생들에게 한 가지 특정방법만을 사용해서는 안된다. 단어는 여러 기법을 통해 제시되어야 한다. 이러한 기법은 학생의 필요나 기호에 의해 달라져야 하며, 여러 기법이 결합되어야 한다."고 조언하면서 이러한 주장을 뒷받침했다. 구조적 분석이 필요한 단어는 구조적 기법을 사용할 때 가장 잘 습득된다. 다른 단어들은 암기적 핵심단어 접근법에 의해 보다 적절히 습득될 수 있다. 읽기 수업에 사용될 적절한 재료들을 선택하는 교사의 능력과 어휘력 기법의 개발 사이에는 서로 겹쳐지는 부분이 무수히 많다. 전략8: 수업계획 그리고 적합한 재료의 선택에서는 어휘력 수준과 관계하여 생각해 봐야 할 아이디어를 담고 있다.

맺음말

달리기 경험으로부터 나온 네 가지 아이디어는 읽기와 관련된 나의 교육철학을 형성하는 것에 도움을 주었다. 첫째, 달리기는 일시적인 것이 아니라 장기적으로 수행해야 하는 것이다. 교사들은 읽기 프로그램 속에서 어휘력 배양 기술이 어떻게 나타나야 하는가에 대해 고려할 수도 있는데, 그것은 일시적인 것이 되어서는 안된다고 주장하고 싶다. 둘째, 마라톤에 대비해서 연습을 할 때, 26.2 마일을 한꺼번에 뛸 수 있도록 대비하기 위해서는 뛰는 거리를 서서히 늘려야 했다. 어휘력 학습 역시 한꺼번에 달성될 수 있는 것은 아니며, 읽기 과정과 통합되어 실행될 수 있다. 다음은 어떤 때는 나는 홀로 뛰어야 했으며, 다른 경우에는 친구와 같이 뛰어야 했다. 어휘력 기법을 개발하고 있는 제2언어 학습자에게는 이 두 가지 수업전략을 병행하는 것이 유익할 것이다. 때때로 혼자 공부하는 것은 매우 적절한 전략이다. 또 친구나 혹은 그룹을 지어 공부하는 것도 이득이 많다는 것을 기억하라. 마지막으로 달리기는 내 전체 운동과정의 일부로서 정기적인 것이다. 그것은 육체적으로 건강해지고자 하는 내 목표의 일부이다. 다른 형태의 운동을 같이 병행하는 것은 달리기의 지루함을 잊게 해준다. 어휘력 수업은 전체 읽기 수업의 정기적인 일부분으로 간주할 수 있다. 어휘력 수업은 보다 큰 맥락의 일부로서 다른 읽기 기술이나 전략으로부터 분리하여 행할 수 없는 것이다. 최근 몇 년 동안 나는 달리기를 즐겼다. 달리기는 지난 몇 년간 내가 계속 해온 것 중 하나이다. 마찬가지로, 어휘력 학습은 제2언어 학습자들에게 오늘도 그리고 앞으로도 전체 언어학습의 일부로 간주되어야 한다.

추천도서

아래 세 책들은 제2언어 읽기와 어휘의 역할에 대해 소중한 통찰을 제공한다. 읽기 과정의 이 요소를 보다 주의 깊게 다루기 위해서는 아래 자료들을 읽어볼 것을 권하고 싶다. 첫 번째로 Evelyn Hatch and Chery Brown(1995)는 *Vocabulary, Semantics, and Language Education*이란 책으로 1996년에 Mildenberger상을 탔는데, 이 책은 제2언어 및 외국어를 가르치고 배우는데 있어 깊은 공헌을 했다. 이들은 세 개 장들에서 어휘적 사례와 형태론적 사례에 관해 뛰어난 분석을 하고 있다. 또 책에서 특별히 주의해야 할 부분은 어휘학습과 어휘수업에 관한 부분이다.

두 번째, Tom Huckin, Margot Haynes, and Jim Coady(1993)는 *Second Language Reading and Vocabulary Learning*이란 소중한 책을 발간했다. 이 책은 "High Frequency Vocabulary and Reading Proficiency in ESL Readers"(Coady, Magoto, Hubbard, Graney, and Mokhtari), "Procedural and Declarative Knowledge in Vocabulary Learning: Communication and the Language Learners' Lexicon"(Robinson), 그리고 "Factors Affecting the Acquisition of Vocabulary: Frequency and Saliency of Words"(Brown) 이 세 장에서 어휘와 언어 교습의 역할에 대해 깊은 관심을 보여준다.

마지막으로, I.S.P Nation이 저술한 *Teaching and Learning Vocabulary*(1990)는 제2언어 학습자에게 어휘를 어떻게 가르칠 것인가에 대한 내 생각에 영향을 미쳤다. 깊은 통찰력을 보여준 12개 장과는 별도로, Nation은 대학수준에서 제2언어를 공부하는 학습자들을 위해 이 책의 부록 2번에 사용빈도가 높은 어휘집을 수록했다. 이 어휘집은 그러한 수준에서 사용되는 핵심 단어의 사용빈도수에 대해 순위를 매겨놓았다.

이러한 책들은 교사들이 제2언어 읽기와 어휘의 역할에 대한 지도 철학을 형성하는데 있어 귀중한 점들을 많이 시사할 것이다.

제 4 장 전략 3 : 이해력 증진을 위한 수업

Teachers' Voices

최근 나는 분재기술에 흥미를 가지게 되었다. 어린 나무를 기르는 과정은 매우 흥미롭다. 가장 흥미로운 점은 나무가 작고 가냘프더라도, 나무를 성장시키고, 개발하는 과정에서 강하고 성숙해 보이도록 만들 수 있다는 것이다.

이 새로운 취미를 위한 나의 첫 시도는 카탈로그에서 나무 2개를 골라 우편으로 주문한 것이었다. 나무들이 배달되었을 때, 나는 아주 흥분했다. 하지만 박스를 열고 아주 작은 나무를 발견했을 때, 실망하고 말았다. 그 나무는 내가 카탈로그나 혹은 내가 읽은 책에 나온 사진에서 본 것과는 너무 다르게 생겼기 때문이었다. 하지만 읽고 있던 책의 지시에 따랐다. 우선 그 나무를 작은 화분에 심었다. 이 작은 나무에 형태를 주기 위해 가지들을 자르고 따냈다. 그리고 내가 원하는 방향으로 자라도록 유도하기 위해 철사를 가지에 감았다. 그리고 물을 주고 재배했다.

나는 내가 혹시 그 작은 나무를 빨리 자라게 하려고 너무 재촉하는 것은 아닌지 의아스럽게 생각하기 시작했다. 나는 아주 짧은 시간동안 나무의 뿌리들을 잘라 내었으며, 가지에 철사를 감았고, 아주 작은 화분에 넣었다. 나는 성장 과정을 너무 빨리 일구어 내고자 시도했던 것은 아니었을까? 불행히도, 우리 가족은 이 분재 프로젝트가 시작된지 얼마 되지 않아 휴가를 가게 되었다. 그리고 나무에게 물을 주도록 이웃에게 부탁했다. 그리고 휴가에서 돌아왔을 때는 분재가 그다지 건강한 상태가 아니었다. 결국, 나는 그 나무를 버려야 했다.

이제, 여러분은 이것이 나를 실망시켰다고 생각할 것이다. 그러나 나는 분재 기술에 대해 계속 읽고 공부해 나갔다. 나는 분재에 관심이 많은 TESOL 동료와도 이야기를 나눴다. 단지 그녀가 분재를 통해 얻는 즐거움을 듣는 것만으로도 분재에 대한 내 흥미는 커졌다.

나는 커가는 나의 흥미에 빠져드는 다른 방법은 이미 잘 훈련된 나무를 하나 사서, 일정기간 동안 그것을 돌보고 기른 후에 더 작은 나무를 기르는 방법을 배우는 것이라 생각해, 나무를 하나 다시 구입했고, 이번에는 한꺼번에 너무 많은 것을 하지 않을 것이라 결심했다. 이번 나무는 잘 자라고 있다. 나는 매일 관심을 기울이고 한편, 새로운 성장이 그 나무가 자라고 있는 방향을 지배하는 것은 아니라고 확신 하면서, 필요한 물의 양을 조절하고, 병을 막기 위해 정기적으로 소독약을 뿌린다. 분재는 매일 어느 정도의 주의를 필요로 하고 있다.

나는 나무가 아름다움과 강인함을 스스로 가장 잘 표출할 수 있는 방법을 찾기 위해 주의 깊게 나무를 관찰하는 것을 즐긴다.

분재기술은 내가 독해기술을 가르치는 역할을 이해하도록 해준다. 내 개인적 지도철학은 학생들에게 어떻게 이해할 것인가를 가르치는 핵심 사항을 담고 있다. 내가 지도철학을 형성해 가던 초기 단계에는 내가 주창하는 모토인 A.C.T.I.V.E reading에서의 T는 TEST for comprehension이었다. 나는 이러한 관점을 South Africa 내의 일군의 교사들과 공유하고 있었다. 그런데 어느 통찰력이 뛰어 난 한 교사가 다음과 같이 간단한 질문을 던졌다. “Neil, 학습자의 이해 기술을 어떻게 시험할 지에 대해서는 많이 알고 있어요. 하지만, 어떻게 이해할 것인지에 대해서는 어떻게 가르쳐야 하지요?” 얼마나 강력한 발상인가! 그 현장에서 너무나도 강력한 암시를 받아, 나는 즉석에서 T를 Teach for Comprehension으로 바꾸었다.

Frameworks

독해 테스트 대(對) 독해 교수

대다수의 읽기 수업 프로그램은 학습자에게 어떻게 이해할 것인가를 가르치기 보다는, 독해력 테스트를 더 강조하고 있으며, 더 많은 시간을 할애한다. 독해력을 측정하는 것은 성공적인 읽기를 위해서는 필수적인 것이다. 이런 독해력 측정 과정은 문장에 대한 예측이 정확함을 입증하고, 의미가 획득되지 않을 때, 학습자가 적절히 조정하는 것을 검토하는 것을 내포하고 있다. Eskey(1986)는 "독해는 개인의 필요와 목적에 의해 언제나 직접적으로 통제되고 있으며, 각 개인의 배경지식에 깊이 의존한다."(p.6)고 말했다. 그는 더 나아가, "독해능력은 학생이 읽기를 원하는 것을 읽을 때, 혹은 최소한 그들이 그것을 반드시 읽어야 하는 이유를 가지고 있을 때, 가장 잘 일어날 것이다"고 말했다.

독해과정에 대한 모델

독해능력에 관련된 주제에 관한 문헌을 읽었는데, 두 분야가 내 생각에 영향을 미쳤다. 첫 번째는 독해과정에 대한 모델의 개발에 관한 것이고, 두 번째는 읽는 과정에서 인지적 인식의 역할에 대한 것이다.

인식은 생각으로 정의될 수 있다. 이해를 돕기 위해 가르치려면, 학습자는 자신의 이해과정을 점검해야 하며, 교사나 동료 학습자와 이해하기 위해 어떠한 전략이 수행되었는지 토론할 수 있어야 한다는 것이 나의 믿음이다.

독해능력을 위한 이론적 연구(1장, Introduction to Teaching Strategies에서 검토된)는 제2언어 학습자를 위한 독해능력 기술에 대한 교사들의 생각에 영향을 미칠 수 있다. 하향식(top-down) 이론에 의하면, 학습자의 배경지식이 활성화되었을 때, 이해능력은 발휘된다. Eskey(1986)는 다음과 같이 지적했다.

> 지문을 기술적으로 표본추출 하는 것에 근거하여, 의미를 재건축 하는 것이라는 일반적 읽기 개념과, 그리고 읽기를 다음과 같은 특정 개념들, 즉 예를 들면, 언어적 과잉성, 미리 사전에 예측하는 선행지식의 핵심적 역할(혹은 눈에 보이지 않는 정보), 그리고 보다 크고, 의미있는 문장들의 덩어리 안에서 합리적인 비율로 읽어낼 필요성 등으로 이해하는 것은 읽기에 관해 일반적으로 인정되는 개념들이다. 읽기 수업에 관심이 많은 제2언어 교사들에게 하향식 모델은 이미 한 모델로서 공식적인 지위를 부여받았다. (p.12)

이해능력에 대한 하향식 철학에 영향을 주는 더 큰 단위의 의미의 중요성에 주목하라.

상향식 이론(bottom-up)은 학습자가 읽는 과정에서 개별 글자나 단어에 의존해 의미를 형성한다는 것이 기본 아이디어다. Eskey(1986)는 다음과 같이 지적했다.

> 이 모델은 아래와 같은 사실을 가정한다. (대개의 독자가 그렇다고 생각 하듯이) 학습자는 눈을 좌에서 우로 이동하면서, 우선 글자를 보고, 글자를 결합해 단어를 형성하고, 단어를 결합해 구, 절, 그리고 문장을 형성해 낸다. (p.11)

작은 단위로부터 시작해서 큰 단위로 이동하는 이 리스트의 단위들의 순서에 주목하라. 이런 맥락에서 상향식이라 말하는 것이다.

상호작용 모델은 훌륭한 학습자는 이해하려고 문장을 접했을 때, 하향식과 상향식 두 과정을 모두 이용한다는 가설을 가지고 있다.

Grabe(1991)는 이러한 사실을 아래와 같이 지적하면서 훌륭하게 예정하고 있다.

> 읽기는 상호작용하는 과정이다. 독자는 인쇄물로부터 얻는 정보뿐만 아니라, 자신의 배경지식에서 연유한 정보도 사용한다. 읽기는 그 과정에서 여러가지 기술이 동시에 작용한다는 점에서도 상호작용을 하는 과정이라 할 수 있다. (p.378)

학생들에게 읽고 있는 것을 이해하는 방법을 가르치고자 하는 이 책의 관점에서 보면, Grabe(1991)는 우리가 읽기를 시작할 때, 우리가 읽는 것을 이해하기를 기대한다는 점을 강조한다. 독해능력에 문제가 있다는 것을 미리 예상하면서 읽기를 시작하지는 않는다. 하지만, 불행하게도 대다수의 제2언어를 읽는 독자들에게, 읽기 과정은 이해가 자동적으로 수반될 것이라는 가정과 함께 시작되지도 않는다. 따라서 수업 시간 중에 이해를 돕기 위해 무엇을 할 것인가에 대해 교사들이 생각해보는 것이 필요하다.

이해의 역할에 대한 내 생각에 영향을 미친 두 번째 연구 영역은 제2언어 학습자에 생겨난 병행적 인지능력이다. 이 사실은 독해수업법과 밀접히 관련되어 있으며, 이 책의 후반부인 교수전략 5 : 독해전략입증(Teaching Strategy 5: Verify Reading Strategies)에서 차후 상세히 검토될 것이다. L1과 L2의 읽기 연구에 참여한 연구자들은 이해능력이 향상되었는지 보기 위하여 전략적으로 훈련 실험을 행했다. Grabe(1991)는 "이러한 계열의 조사는 읽기 수업에 많은 것을 약속하고 있기에 중요하다."고 말했다(p.393).

메타인지적 인식

의미는 문장 그 자체에 그대로 들어 있는 것은 아니다. 의미는 독자가 개인의 배경지식, 읽기의 목적, 읽기 전략, 의미를 얻기 위한 문장 등을 통합할 때 생겨난다. 교사들은 학습자들에게 어떻게 그렇게 할 수 있는지를 가르침으로써 이 과정을 더욱 용이하게 만든다. 교사들이 생각해 볼 수 있는 다른 하나의 가능성은 학생들이 읽는 동안 자신이 무엇을 하고 있는지 인식하게 만들고, 그 문장을 어떻게 이해하게 되었는지에 대해서 병행적으로 인지하도록 만들어 자신들이 독해 능력을 스스로 점검하게 만드는 것이다.

Teachers' Voices

Rachel은 이해 능력을 가르치는데 있어 사용될 수 있는 몇 개의 기법에 대해 많은 의문을 가지고 있다. 그녀는 개념이나 아이디어에 관심이 많으며, 수업 중에 무엇을 할 것인지에 대한 질문을 많이 한다. 훈련 중에 있는 교사의 한명으로서 그녀가 무엇을 생각하고, 그녀가 이해한 것을 어떻게 전개하고 있는지 그녀의 주장을 들어보자.

테스트를 통해 독해력을 향상시킬 수 없으며, 학생들에게 어떻게 독해할 것인가를 가르쳐야 한다는 당신의 생각에 동의한다. 이것은 내게 비교적 새로운 생각으로 들린다.

교사들도 기꺼이 위험을 감수하면서 구식의 방법을 벗어나 새로운 방식을 선택해야 한다. 단순히 테스트를 하는 것보다는 이해하는 방법을 가르쳐야 한다는 생각은 일리가 있다고 본다.

학생들이 읽고 싶어하는 것을 읽고 있을 때 독해능력을 가르치는 것이 왜 이상적인가에 대해 생각해 본 적이 있다. 이런 것이 이상적이다. 그렇지 않은가?

학생들은 자신들이 읽고 싶은 것을 읽을 수 있는 사치를 누리지 못한다. 나도 항상 내가 읽고 싶은 것을 읽는 것은 아니다. 읽도록 권유되고 있는 것은 흥미로운 것이 아닐 수도 있다.

하지만 이때까지 읽어본 것들은 여전히 중요하다. 그것은 항상 긍정적으로만 작용하는 것은 아니다. 특히 ESL 학생들에게 읽기는 너무 중압감을 주므로, 그들은 읽고 있는 것을 즐기지 못하고 있다. 그런다 하더라도 어떻게 이해할 것인가에 대해 배워야 한다.

가끔 학습자들은 그들이 전혀 이해하지 못하고 있는데도 이해한다고 생각한다. 이러한 점이 내가 짐작에 관해 싫어하는 것의 하나이다. 왜냐하면 짐작하고 나서 당신이 맞는다고 생각하지만, 결코 그렇지 않기 때문이다.

당신은 학생들에게 그들의 추측이 틀렸다는 것을 어떻게 인정하게 만드는가? 학생들이 이해하도록 어떻게 가르치는가?

나는 학습자가 스스로 질문을 만들어 보도록 하는 것을 좋아한다. 하지만, 만일 학생이 훌륭한 질문을 떠올렸는데도 교과서가 그 질문에 답변을 못하면 어떻게 될까? 따라서 좋은 교재를 선택해야 한다.

교사는 학생들에게 어떤 것이 이해되지 않는지 물어봐야 한다.

그것이 단어인가? 전체 주제인가? 정확히 무엇인가? 그렇다면 이것은 아주 간단한 문제이다. 단지 학생들에게 무엇이 이해되지 않는지 물어보라.

그것은 아주 간단히 할 수 있는 일이다. 하지만, 아마도 예전에는 해야 한다고 생각했던 것은 아닐 것이다.

학생들에게 이해하는 기술은 가르치기 위한 좋은 방법은 요약하여 말하게 하거나 바꾸어 말하게 하는 것이다.

뭐 이런 생각을 해왔는지 모르겠지만, 이것이 학생들에게 새로운 개념인지 궁금하다. 학생들에게 주제를 찾으라고 말할 때 무엇을 하라고 말해야 하는지 알고 있는가?

모국어(여기서는 영어)로 쓰인 교과서에서 주제를 찾을 때 그들은 지도 받아야 하는가?

Investigations

1 읽기 수업교실을 관찰하라. 학생들이 교과서를 이해하도록 만들기 위해 교사가 하는 일들을 관찰하라. 가르치는 것과 시험보기간의 균형은 어떠한가? 당신의 생각을 독해일지에 기록하라.

2 학습자에게 이해하는 법을 가르치는 방법에 관해 읽기 교사와 이야기해보라. 독해력 향상을 위해 그 교사는 어떤 기법을 제시하는가? 이 대화에서 독해기술의 이해의 역할이라는 당신의 교육철학에 도움을 주는 것들은 어떤 것이었는가?

3 당신이 제2언어를 읽을 때 자신의 이해력을 점검해 보라. 제2언어로

교재를 읽을 때 무엇을 하는가? 독해일지에 당신의 전략을 기록하라.

Frameworks

ESL Standards for Pre-K-12 Students

ESL 2단계를 가르치는 교사들이 독해력 기술을 가르치는데 있어 유익한 한 가지 자료는 "다른 외국어를 사용하는 학생들에게 영어를 가르치는 교사들의 모임"(Teachers of English to Speakers of Other Languages, TESOL)이라는 전문기관이 개발한 ESL standard for Pre-K-12 Student이다(1997).

공립학교 교육의 변화는 ESL에 국한된 것은 아니다. 여러 전문 기관들은 학교 교과목 분야에서 기준을 개발했다 (예: The American Council on the Teaching of Foreign Languages, The National Council of Teachers of English with The International Reading Association, The National Council of Teachers of Mathematics, The National Council for the Social Studies)

9학년에서 12학년 사이의 학생을 위한 ESL 기준은 독해력을 어떻게 가르치는가에 대한 우리의 토론에 포함될 수 있는 적당한 기준을 가지고 있다. 그 기준들 중 목표 2번은 학생들이 모든 분야에서 지식을 습득 가능하도록 준비시키는 것과 관계된다(Teachers of English to Speaker of Other Languages, p.127).

이 목표와 관계된 두 가지 기준은 읽기 기술의 종류와 ESL/EFL 교사들이 고려해야 하는 전략에 관련된 것이다.

기준 2는 다음과 같이 언급한다. "학생들은 영어(모국어)를 사용하여 관련된 정보를 습득, 처리, 재구성하여 주제와 관련된 정보를 구어적, 문어적 형태로 제공할 것이다(p.127)."

아래에 나온 독해 기법들은 특히 이 기준을 위한 표제어에서 검토되고 있다.

- ◆ 주제와 관련된 정보를 듣고 말하고, 읽고 쓰기
- ◆ 정보를 선택, 연결, 설명
- ◆ 정보를 분석, 종합, 추론
- ◆ 가설 설정과 예측
- ◆ 질문을 만들어 묻기
- ◆ 내용에 따라 기술적 어휘와 교과서의 특징을 이해하고 생산해 내기

기준 3은 다음과 같이 언급한다 : 학생들은 학습된 지식을 재구성하고, 적용하는데 있어 적당한 학습전략을 사용할 것이다(Teachers of English to Speakers of other Languages, P.135). 표제어는 독해력을 가르치는데 적절한 아래의 전략들을 포함한다.

- ◆ 훑어보기, 꼼꼼히 보기, 사전 검토, 재검토 등의 기본적 독해기법을 적용
- ◆ 의미구성을 위해 문맥을 사용
- ◆ 지식토대를 구축하고 확장하기 위해 자기검열과 자체수정 전략을 적용
- ◆ 언제 어떻게 인식적 전략을 사용할지 계획을 세우고 학습과제에 적절히 적용
- ◆ 완료된 학습과제 속에서 성취도를 스스로 평가

위에 나타난 기준 표제어와 독해 수업을 위해 이미 제시된 것들 중 서로 중복되는 것에 주목하라. 비록 위에서 메타인지라는 용어가 언급되지는 않았지만, 기준 표제어 다수는 다음에 나온 메타인지과정과 연관된다. 선택, 결합, 정보설명 질문의 형성 및 묻기 지식기반을 만들고 확장하기 위하여 자기검열 및 자기수정 전력을 적용 ; 완결된 학습과제 속에서 스스로 성취도를 평가.

앞 장들에서 검토되었던 개념들과의 관련에 주목하라 : 기술적 단어와 문장의 특징을 이해하고 만들어 내는 것, 교과서를 사전검토 및 재검토, 의미형성을 위해 문맥 사용

Investigations

4 ELS Standards for Pre-K-12 Students가 단순히 독해기술을 테스트하는 것에서 그치지 않고, 실질적으로 독해능력을 가르칠 수 있도록 어떻게 돕고 있는가? 당신의 생각을 반성적 독해일지에 기록하라.

Frameworks

정독과 다독

이해 기술을 가르치는 것과 관련되어 정독과 다독간의 관계를 고려할 수 있다. 정독이란 이해기술들을 최대한 개발할 수 있는 교재를 사용하는 것으로 정의될 수 있다. 모든 활동들은 학습자들이 교실에 있지 않을 때, 읽는 전략과 기술들이 전달되는데 필요한 이해 기술들을 명백히 가르칠 수 있도록 고안되어져야 한다. Aebersold & Field(1997)는 정독은 결국 교재가 중요함을 강조한다. 다독이란 일반적으로 다량의 교재를 읽는 것으로 정의될 수 있다. 전형적으로 다독은 학습자가 해야할 부분으로 다른 활동들과 연관되어 있다. 예를 들어 학습자는 다량의 교재를 읽고, 어떤 주제에 대하여 여러 관점을 비교하고 대조할 수 있도록 한다. 또한 그 정보를 다른 사람으로 하여금 동의할 수 있도록 설득력 있는 연설을 준비할 수 있도록 사용할 수 있다. Aebersold & Field는 이런 종류의 읽기가 결국 한 방법이라 말한다.

Day & Bamford(1998)는 성공적인 다독 프로그램의 열 가지 특징

을 묘사한다. 이러한 특징을 가진 프로그램이 제2언어 학습자들에게 읽기 기술을 개발하는데 큰 도움이 된다고 주장한다.

1. 학생들은 학급 내, 외에서 가능한 많이 읽는다.
2. 여러 방법으로 읽기를 고무시키기 위해 광범위한 주제에 대한 다양한 자료들이 가능하다.
3. 학생들은 그들이 읽고 싶은 것을 선택하고, 흥미없는 읽기 자료는 그만 둘 자유가 있다.
4. 읽기의 목적은 즐거움, 정보, 일반적인 이해와 연관되어 있기에, 자료의 성질과 학생들의 흥미에 의해 결정된다.
5. 읽기는 그 자체이기에 읽기 후, 따르는 연습문제가 거의 없다.
6. 읽기 자료들은 어휘와 문법 면에서 학생의 언어 능력과 깊이 관련되어 있다. 단어들을 찾느라 멈추는 것은 읽기를 어렵게 만들기 때문에 읽는 동안에 사전은 거의 사용하지 않는다.
7. 읽기는 학급 밖에서 학생들이 선택한 시간과 장소에서 행하여지고 학생 자신 속도에 맞추므로 개인적이고 조용하다.
8. 읽기 속도는 학생들이 쉽게 이해할 수 있는 자료를 읽기 때문에 다소 빠르다.
9. 교사들은 프로그램의 목표로 학생들을 고무시키고, 방법을 설명하고, 각 학생들이 읽은 것을 체크해 주고, 프로그램의 모든 것을 얻을 수 있도록 학생들을 안내한다.
10. 독해자가 무엇인지 일기후의 보상이 무엇인지 나타내 주는 학급 독서모임의 일원으로 교사는 학생들에게 주요한 모델이다.

(Day & Bamford, pp.7-8)

저자는 좋은 독해자는 정독보다는 다독을 하는 것이라는 신념을 가지고 있으나 좋은 독해자가 되는 것은 다독의 문맥을 통한 정독의 기술이나 전략을 개발하는 것이다. 읽기 교사로서, 우리학생들을 고무시킬 수 있는 비율을 고려하고, 이 모든 종류의 읽기 기회를 제공하도록 해야한다.

Investigations

5 위에 나타난 정독과 다독의 의견을 고려하여 보아라. 읽기를 가르치는데 둘 중 어느 것이 더 향상되는 것을 당신은 알았는가? 당신은 왜 더 향상되었다고 규정할 수 있는가? RRJ에 당신의 생각을 기록하세요.

6 당신의 읽기 교수에 어떻게 정독과 다독을 균형 있게 할 수 있는지 고려하여 보아라. 읽기 능력 기술을 향상시키도록 하기 위하여 어떤 방법으로 이 두 가지를 사용할 수 있는가? RRJ에 당신의 생각을 기록하세요.

Frameworks

내용 중심 교수

이 장에서 지금까지 논의한 기술의 대부분은 정독을 위함이었다. 짧은 독해글을 주고 독해자들에게 이해 기술과 전략을 개발하도록 소개했다. 연구의 마지막 분야는 이해를 위해 읽기 문맥 안에서 언급될 수 있고, CBI 분야에서 행하여진다. CBI는 독자를 정독에서 더 다독으로 움직이게 한다. CBI는 제2언어를 학습하는 것이 끝이 아니라는 가설에 기초한다. 언어는 사회학, 생물학, 컴퓨터 과학, 수학과 같은 다른 것을 배우기 위해 학습한다.

Paul Hardin이 어휘력을 증가시키는 것에 대해 말한 것을 회상해 보자. 그는 문맥과 글을 읽는 것에 학생들을 포함한다. 그는 독해자들이 문맥의 지식과 어휘 기술과 추가적인 읽기 전략 개발을 통합하길 원한다. 또한 문맥 읽기 자료의 사용이 어떻게 읽기 기술과 전략을 향상하기 위해서 학생들의 동기를 증가시키고, 실제 목적을 어떻게 창출해 내는지

지적하였다. 독해자들이 이 관련을 만들 때 더 학습이 생긴다.

저자는 David & Yvonne Freeman(1992), Chamot & O'Malley(1994), Peregoy & Boyle(1997), Stoller & Grabe(1997)의 작업에 영향을 받아왔다. Freeman & Freeman(1992)은 CBI와 전체언어교수간의 유사성을 강조한다.

> ESL 학습자들은 의사소통능력을 개발하기 위해 고안된 언어 훈련과 연습 이상이 필요하다. 학문적인 지식을 습득하기 전에 영어를 연습하기 위해 여러 해를 보내지 않는다. ESL 학습자들은 학습적이고 사회적 성공을 달성할 수 있도록 하기 위하여 영어를 의미있는 문맥을 통하여 학습할 수 있도록 교육받을 필요가 있다. (p.104)

CBI는 중등 수준에 매우 적합한 교수 전략이다. ESL 교사들은 독해능력을 가르치기 위해 고등학교 학습에서 공부하는 내용으로 의미있는 문맥을 제공할 수 있다.

Freeman & Freeman(1992)는 CBI를 통해 독해 능력기술을 가르치는 가치에 대한 나의 생각에 영향을 미쳤는데 그것은 다음과 같다.

> 총체적 언어가 초등학생에게 읽고 쓰는 능력 교수라는 것은 너무 좁은 의미이다. 총체적 언어란 초등학교 뿐만 아니라 중등교육까지 수학, 과학, 사회학 그리고 모든 문맥에까지 범위가 넓다. 총체적 언어란 학생의 필요와 흥미에 집중된 교수를 의미한다. 학생들이 언어뿐 아니라 학문적 능력을 개발해야 하는 중요성을 인식하기 때문에 교사들은 학생들에게 문맥을 통한 언어를 가르친다. 문맥 교수 없이 총체적 언어는 총체적 언어가 아니다. (p.107)

Investigations

7 총체적 언어 교수에 대해 당신은 무엇을 알고 있는가? 그것은

ESL/EFL 읽기 가르치는 철학에 적합한가? 왜 그런가, 아니면 왜 그렇지 않은가? 동료들과 당신의 대답을 논하시오.

Frameworks

교사들과 협동적으로 작업

ESL 교사가 이해해야할 중요한 점은 교사를 대체하는 것이 아니라 내용면에서 주제에 대한 언어 교수를 조직화하는 것이다. 언어교사는 내용 목적 주제를 선택할 수 있고, 어떤 언어의 요소가 그 주제로부터 나타나는지 정의함으로써 언어 교수전략을 개발할 수 있다.

CBI를 사용하는 것이 내용분야 교사들과 중등학교나 대학교에 ESL 교사간의 자연적인 협동을 제공한다. Snow(1994)는 LA에 California 주립대학에서 학문목적을 위한 영어학습(Learning English-for-Academic-Purposes) 프로젝트를 했다. 그녀와 동료들이 이 작업을 통해 알게 된 많은 것은 학교에서 내용을 기본으로 한 교사들이 중등, 대학부의 ESL/EFL 교사들에게 이롭게 할 수 있었다는 것이다. Snow는 LEAP 프로젝트의 네 가지 주요 요소를 설명한다.

> (1) 선택된 교육과정과 결합된 스타디 그룹의 리더나 언어 특별자에 의해 교육받은 학습 그룹과정이나 팀. (2) 일반적인 교육과정에 학문적인 읽고 쓰는 능력 교수를 결합하기 위해 능력 개발 훈련. (3) 목표화된 교육과정에 언어 직감 교수를 고무하기 위해 교육과정 조정. (4) 앞으로의 팀과 그룹의 리더들을 훈련하고 CSLA와 다른 대학들과 프로젝트의 결과를 공유할 수 있도록 프로젝트의 지속과 전이. (p.4)

LEAP 모델의 세 번째 요소는 CBI에 관심 있는 ESL/EFL 읽기 교사들에게 가치가 있다. 우리는 읽기 문장에 언어 직감요소를 분석할 수 있고, CBI를 조직화 할 수 있다.

Investigations

8 당신이 읽기 문장을 선택하여 만족하는 주제를 선택한다. 문장을 살펴서 읽기 이해를 가르치기 위해 읽기에서 강조하고자 하는 언어 요소가 무엇인지 결정한다. 당신의 생각을 RRJ에 기록한다.

Frameworks

인지적 학문 언어 학습

Chamot & O'Malley(1994)는 인지 학문 언어 학습 접근(Cognitive Academic Language Learning Approach)와 CBI에 중요한 공헌을 해왔다. 그들의 논문집은 과학, 수학, 사회학, 언어학에 있어 제2 언어 학습자를 위한 특별한 적용을 제공한다. Chamot & O'Malley(1994)는 CALLA의 세 가지 주요한 요소–만족하는 주제 선택, 학문적인 언어 기술 개발, 언어학습과 내용중심 학습 둘다를 위한 학습 전략의 명확한 교수-를 규명한다. CALLA 접근의 두 번째 요소, 즉 학문적인 언어기술 개발은 독해능력기술과 CBI를 가르치는데 주요한 관심사의 한 면이다. Chamot & O'Malley는 다음과 같이 지적한다.

> 언어는 학문을 배우는데 형식적인 도구로 쓰여진다. 학생들은 단지 내용 면에서 어휘력과 문법뿐만 아니라 학문적인 언어를 사용한 중요한 개념과 기술 또한 배운다. 학생들은 분석, 평가, 규정, 설득과 같은 내용 면에서 효과적으로 행하기 위해 중요한 언어를 배운다. 학생들은 문맥적인 이해와 습득을 하게 해주는 교수에 있

어 인지적으로 요구되는 활동들을 통하여 영어에 학습적인 언어 기술을 개발한다(p.11).

Investigations

9 LEAP 프로젝트에 있어 Snow의 접근과 Chamot & O'Mally의 CALLA 접근에 있어 어떤 중복이 있음을 알았는가? 이 정보가 제2언어 읽기 교사로서 당신에게 도움이 되었는가? 왜 혹은 왜 아닌가? 동료들과 당신의 생각을 논하라.

Frameworks

최적의 내용 학습 형성

Peregoy & Boyle(1997)은 내용 학습이 모든 언어 기술의 전체에 가치 있는 역할을 한다고 논의한다. CBI는 중등수준의 ESL 학급을 고려할 때 가장 적합한 모델이다. ESL 학습에서 수행된 CBI 프로젝트를 기초로 Peregoy & Boyle은 영어 학습자를 위한 최적의 내용학습을 형성하는 6개 요소들을 규정한다.

1. 의미와 목적 : 주제는 학생들에게 의미 있었고, 그것을 선택하고 개발하는데 도움이 되었다.
2. 이전의 지식 : 학습은 이전의 지식과 직접 경험을 형성했다.
3. 학습목적을 위한 언어사용에 기회의 통합 : 구어, 문어체 언어는 지식을 습득하고 남들에게 표현하기에 사용된다.
4. 유지하기 위한 스캐폴딩 : 그룹 작업, 쓰기 과정, 학습을 위한 직접 체험을 포함한 스캐폴딩이 제공된다.

5. 협력 : 학생들은 지식을 형성하고, 책을 요약하여 조직화하는데 협력한다.
6. 다양성 : 구어, 읽기, 쓰기, 현장학습, 학급토론, 연설, 학습면에서 모든 단계에 다양성이 있다(p.283).

이러한 요소들은 학습의 통합된 성질과 어떻게 전체 언어 학습 과정에 읽기를 적합하게 하는 것이 언어 학습과 내용 학습 모두 이롭게 하는지 강조한다. CBI는 자연스런 확장된 읽기 기회를 제공한다.

Investigations

10 Peregoy & Boyle에 의해 제공된 6개의 요소에 당신의 반응은 무엇인가? 확장된 읽기가 CBI 문맥에 어떻게 적합한가? 당신의 CBI를 이행할 것을 결정할 때 이 요소들 가운데 무엇을 사용할 수 있겠는가? 당신의 아이디어를 RRJ에 기록하세요.

Frameworks

The Six T's

Stoller & Grabe(1997)은 Six T's 접근이라 명명된 CBI를 위한 매우 효과적인 접근을 제공한다. Six T's는 다음을 포함한다.

- Themes (주제) : 교과과정에 있어 매 과들을 조직화
- Texts (교재) : 언어 교수에 사용되는 자료
- Topics (내용) : 언어교육을 위해 개발된 주제를 포함하는 내용들의 과

- ◆ Threads (맥락) : 교육과정에서 사용된 다양한 주제간의 연결
- ◆ Tasks (과제) : 언어와 문맥을 가르치기 위한 교육적 활동
- ◆ Transitions (변이) : 교육과정에서 내용과 주제가 어떻게 움직이는지 계획하는 구조

이런 요소들은 제2언어 학습자들의 독해 요구를 구현하기 위해 CBI 교육과정 개발을 허용한다. 당신의 언어프로그램이 Stoller & Grabe의 six T's 접근을 사용한다면, CBI 교육과정은 당신이 선택한 주제, 내용, 교재를 기초로 한 독해를 가르치는 것을 통합한다. 이것이 저자가 간주하는 독해력을 가르치는 이상적인 교육과정을 제공한다.

Investigations

11 당신은 독해 능력기술을 가르치는데 Stoller & Grabe의 six T's 접근을 어떻게 사용할 수 있겠는가? CBI가 가능한 학습 접근으로 이 접근법의 장점은 무엇이라고 보는가? 당신의 동료들과 의견을 나누어라.

Frameworks

독해를 가르치는데 가능한 학급활동들

연구문헌을 기초로 저자는 독해 기술을 가르치는데 여러 가지 수업 적용 방법을 밝혔다. 모든 독해 교사들에게 이 기술을 제안하지는 않지만, 당신이 독해 기술을 가르치는데 이 기술을 고려해보기에는 가치가 있다고 저자는 생각한다.

이해측정

내가 사용해 온 첫 번째 기술은 독해자들이 읽는 것을 멈추고 그들 자신들에게 이해한 것을 모니터링(측정)하는 것이다. 내가 왜 이 자료들을 읽고 있는가? 내가 무엇을 알기를 희망하는가? 나는 내가 읽은 것을 이해하는가? 특히 내가 읽은 것을 이해하기 위해 나는 지금 당장 무엇을 하고 있는가? 내가 읽은 것을 이해하지 못한다면 또 다른 무엇을 할 수 있을까?

질문형성

두 번째, 나는 독해자들이 스스로 질문을 형성하도록 한다. 이 학급활동은 몇 가지 면에서 실행될 수 있다. 독해자들이 이해하지 못한 자료와 교사와 학급친구들로부터 명확성을 추구하기 위해 이것은 각 독해자가 이해하지 못한 것을 규정하도록 해서 정답을 앎으로써 이해를 증진시킨다. 종종 이해를 위해서 교수할 때 첫 단계로 독해자에게 무엇을 이해하지 못했는지 규정하도록 요구한다.

읽기요약

내가 이해를 가르치기 위해서 사용한 세 번째 교실 활동은 독해자들에게 읽은 것을 요약하도록 하는 것이다. 요약을 함으로써 독해자는 문맥에서 중요함의 수준-주요 생각, 보강해 주는 생각이나 세부사항 등을 구별할 필요가 있으므로 이 방법은 가치가 있다. 효과적인 요약은 독해자가 여러 면에서 차이를 볼 수 있도록 해주며 알맞은 면을 강조할 수 있다.

변이어 확인

다음은, 저자는 학생들과 읽는 동안에 접하게 되는 일반적인 변이어들을 고찰한다. 저자는 *Reference Guide to English: A Handbook of English as a Second language*를 통하여 일반적으로 사용되는 다음과 같은 변이어의 목록을 공유한다.

정보와 이유의 첨가	원인과 결과 제시	이유와 설명
also besides equally further furthermore in addition moreover too	accordingly as a consequence as a result consequently then therefore thus	actually admittedly certainly for example in fact indeed really of course that is
비교	대조	요약
by comparison likewise similarly	however instead in spite of that anyhow nevertheless on the contrary on the other hand otherwise still	in all in a word in brief briefly in short in summary
순서		
First, second, …		
연대순		
subsequently later next after that afterwards	then now nowadays concurrently simultaneously	first formerly earlier previously before that

이해의 증명

나는 특별히 도움될만한 또다른 교실학습의 적용을 알고 있다. 학생들에게 문장을 읽으라고 요구한 후 질문을 하거나 문맥에 수반된 질문을 한다. 그 후 이해력 문제에 대답을 할 것을 요구한다. 그들이 한 것에 왜 대답해야 하는지 규정하는 과정에서 나는 그들이 어떻게 그 답에 이르게 되었는지 분명히 말하도록 한다. 이 과정에서 흥미로운 점은 때때로 틀린 대답을 가지고 있는 학생이, 저자와 학급에서 어떻게 그 답에 도달했는지 설명하는 과정에서 스스로 그들이 옳다고 생각하고 있는 답이 전혀 옳지 않다는 것을 발견하게 된다는 것이다. 나는 그 답이 틀리다고 지적할 필요가 없고, 그들이 스스로 발견한다. 이렇게 규정하는 활동이 이해력 기술을 가르치는데 잘 적용된다.

사고관계의 규명

마지막으로 고려할 점이 이 장에서 이해력 기술을 가르치는 것을 논의한 것과 이전의 장에서 논의한 것과의 관련성이다. 교수전략(Introduction to the Teaching Strategies)의 도입부분에 논의된 태피스트리의 이미지를 회상해 보아라. 배경지식을 활성화하고, 어휘력 기술을 늘리고, 이해력을 가르치는 관계를 고려해 보자. 저자는 독자들에게 독해 문장의 제목을 사용하고, 그들이 무엇을 읽게될지 먼저 생각해보게 요구한다. 그 후에 보게 될 지속적인 어휘력의 목록을 생성한다. 학생들이 스스로 알지 못하면 때때로 명백하게 어떤 특정한 단어들을 소개해 준다. 독해 문장이 어떻게 조직화되고 우리가 어떤 변이어들을 알게 되었는지 논의한다. 다음 우리는 첫 번째 문단, 중간 문단과 전체 마지막 문단의 첫 문장을 읽으면서 훑어본다. 우리가 만든 가설이 적합한지 명백히 하기 위해서 멈춘다. 그 후 이해를 위해서 그 문장을 학급에 읽어 준다. 배경지식, 어휘력, 문장조직, 변이어, 훑어보기의 통합적 활동을 통해 독해자들은 글을 읽으면서 그들이 이해활동을 모니터하는데 사용한 전략을 알게된다고 저자는 생각한다.

독해에 이해 활동을 가르치는 가치는 과소평가 될 수 없다. 선택형 시험은 이해력을 테스트하도록 개발될 수 있으나, 교사는 시험을 위한 이해보다는 활동을 가르치는데 집중된 방법을 탐구해 나가기를 바란다.

Investigations

12 제2언어 독해자를 만나라. 학생들이 현재 사용하고 있는 일기 교재

로부터 학생이 아직 읽지 않은 문장을 선택해라. 읽기 제목을 기초로 3가지 질문을 만들도록 학생에게 요구하라. 그 후 함께 문장을 읽는다. 학생이 만든 3가지 질문들이 교재에 답이 되어 있는가? 그 자료를 읽은 후에 추가적으로 3가지 질문을 준비하라.

13 제2언어 독해자를 만나라. 학생들이 현재 사용하고 있는 일기 교재로부터 학생이 아직 읽지 않은 문장을 선택하라. 학생들에게 그 자료를 요약하도록 하라. 학생이 제출한 자료를 유심히 살펴보아라. 주요 주제를 알았는가? 보고된 지지하는 생각과 세부사항의 비율이 어떤가? 당신의 RRJ에 이 경험의 반응을 기록하라.

14 변이어들을 가지고 있는 문장을 선택하라. 제2언어 독해자를 만나라. 그들이 변이어의 목적을 아는지 물어보아라. 독해자가 알지 못하면 변이어들의 기능을 논하고 47페이지의 목록 같은 예들을 제공해라. 학생들에게 변이어를 포함하는 당신이 선택한 문장을 읽도록 요구해라. 그 후 변이어를 사용한 독해자의 이해를 논해라. 이 조사로부터 당신은 무엇을 알았는가? RRJ에 당신의 생각을 논하라.

맺음말

Bonsai의 예술과 새로운 취미를 시작하는 경험을 되돌아 생각해보자. 취미를 시작한 초기단계에 나는 실패했다. 나는 이것을 두 가지에 돌린다. 첫째, 작은 나무에 너무 빠른 성숙과정을 서두르려 했다. 둘째, 이 과정의 초기에 다른 누군가에게 양육(교육)하게 했다.

이 경험을 통해 2가지를 배웠고, 독해를 가르치는 나의 철학에 도움이 되었다. 첫째, 나는 독해과정을 너무 빨리 서두를 수 없다. 제2언어 학습자는 문장을 읽은 주제와 자신의 지식을 어떻게 통합한지 배울 시간이 필요하다. 그들이 알고 있는 새로운 전략을 적용할 시간이 필요하다. 둘째 나는 그 과정을 통해 학생들을 교육시킬 수 있도록 준비되었다고 확신하고 싶다. 독해 기술을 교육하는 것은 지속적인 많은 시간을 요구하고, 학생들에게 적당한 환경을 허용한다.

추천도서

Bill Grabe(1997)은 미국정보협회에서 출간한 "Discourse Analysis and Reading Instruction"에서 주요한 정보를 제공한다. 이 글의 공헌도는 문맥의 조직이 어떻게 읽기 교수에 영향을 미치는지 다룬다. 독해자들에게 문맥의 구조가 어떻게 전체적인 독해 향상에 도움이 되는지 가르쳐 주어 학생들에게 독해에 대한 수업을 수행할 수 있다.

『*The Reading for Real Handbook*(1992)』에 나타난 Harrison의 "The Reading Process and Learning to Read"는 얼마나 상호적인 독해 모델이 변형될 수 있는지 가치 있는 관심을 제공한다. 교사가 이해기술을 가르치는데 중요한 공헌을 하기 위해서는 읽기 과정을 이해해야 한다고 저자는 생각한다.

내용 중심 교수를 여러분의 교수와 어떻게 통합해야 할지에 관한 깊이 있는 고찰은 Fredrika Stoller와 Bill Grabe(1997)의 글에서 알 수 있다. 그들은 내용중심 교수에 six T's 접근을 무엇이라 하는지 제안한다. 『*The Content-based Classroom: Perspectives on Integrating Language and Content*』라는 제목으로 Ann Snow & Donna M. Brinton이 편집한 책은 당신에게 도움이 될 만한 자료를 가지고 있다.

Day & Bamford는 『*Extending Reading in the Second Language Classroom* (1998)』에서 다독이라는 주제에 대해 썼다. 특히 다독의 연습이라는 부분이 가치 있으니 이 자료를 살펴보아라.

제1언어의 관점을 제공하는 흥미로운 부분은 『*Reading Research Quarterly*』로 발행된 J.F.Baumann(1994)의 글에서 볼 수 있으며, 주제(main idea) 이해를 가르치는 직접 교수에 대해 설명한다.

언어교사로서 우리는 이해 테스트하는 것으로부터 탈피하여, 독해자들에게 어떻게 독해기술을 개발해야 하는지 가르쳐야 한다고 저자는 생각한다. 이 글들은 생각에 대해 흥미로운 점을 제공한다.

제 5 장
전략 4 : 읽기 속도 증가

Investigations

1 읽기 속도에 대해 정의를 내려 보자. 제2언어 독자에게 읽기 속도가 중요하다고 생각하는가? 왜 그렇다고 또는 왜 그렇지 않다고 생각하는가? 반성적 독해일지(Reflective Reading Journal)에서 정의를 내려 보고 이유를 찾아보자.

2 ESL/EFL 교사들과의 면담을 통해 그들에게 읽기 속도의 정의를 내려 보도록 해보자. 그들은 읽기 속도가 제2언어 독자에게 중요한 기술이라고 생각하는가? 그렇다면 또는 그렇지 않다면 이유는 무엇인가? 반성적 독해일지(Reflective Reading Journal)에서 면담을 통해 배운 것을 적어보자.

Teachers' Voices

내가 자동성 원리를 "발견한 방법"에 대해 함께 알아보자. 오스틴의 텍사스 대학에서 대학원에 다니고 있을 때, 나는 종종 자가용으로 등교를 했다. 어느 아름다운 가을날 오후에 캠퍼스를 떠나 운전을 하며 집으로 향했다. 오후 6시, 늦은 오후 시간이었다. 하늘은 투명하게 맑고 푸르렀다. 나는 라디오에 귀를 기울이며 즐겁게 집을 향해 운전했다. 나의 머릿속은 이 아름다운 날에 대해 그리고 내가 끝내야만 하는 일들에 대해 생각으로 산만했다.

집 앞길로 운전해 들어온 후 차에서 내려 차문을 닫았을 때 나는 놀라움에 사로잡혔다. 강을 건넌 것을 기억하지 못했다. 고속도로를 어떻게 빠져나왔는지를 기억하지 못했다. 방향등을 켰던 것도 기억하지 못했다. 방향등을 켜는 것은 나의 습관이기 때문에 내가 분명 그렇게 했다는 확신을 갖고 있는데 말이다. 처음에는 약간 두려웠다. 만약 그날 오후 도로 위의 모든 다른 운전수들이 나와 같은 경험을 했다면 어떠했을까? 위험한 일이 아닌가?

집에 들어가서는 더 이상 이 문제에 대해 생각하지 않았고 그날의 대학 연구 과제를 그냥 내버려 두었다.

다음날 아침 나는 8시 ESL 작문과목 수업 때문에 일찍 떠났다. 집을 나섰을 때 비가 내리고 있었다. 나는 차에 뛰어들 듯 탔고 출발했다. 앞 유리 와이퍼를 켰는데 작동이 안 되었다. 이런 무슨 일이람! 와이퍼가 작동을 안 하다니! 와이퍼 없이 어떻게 학교까지 운전을 하고 간단 말인가?

나는 집 앞 도로에서 후진해서 나왔다. 첫번째 코너를 돌기 전에 나는 라디오를 꺼야만 했다. (전날 오후에 즐겁게 집에 돌아왔을 때 켜둔 그 상태였다.) 매번 코너를 돌 때마다 방향등을 켜는 것에 상당히 신경을 썼다. 자동차 속도는 매우 느렸기 때문에 다른 운전자들은 빗속에서 씽씽 달렸다. 의자에 깊숙이 내려 앉으면 앞 유리 와이퍼의 아래 부분으로 조금이나마 밖을 볼 수 있음을 알았다. 또한 고속도로 위의 흰색의 내 차선을 보기 위해 창문을 내렸다.

그렇게 앉은 채로 주(州)간 고속도로를 매우 천천히, 비에 흠뻑 젖으며, 의자에 깊숙이 앉아서, 캠퍼스 가는 길을 찾으며 운전했다. 아르마딜로의 죽은 사채 몇 구를 지나친 것을 기억한다. 액셀레이더에 올려놓은 발 무게에 매우 신경을 쓴 것을 기억한다. 캠퍼스 주차장에 도착했을 때 나는 기진맥진해졌다!

수업에 들어가서 나는 두 가지 운전 경험을 반추하기 시작했고, 그 때 자동화와의 관련성에 대해 좀더 명확히 깨닫게 되었다.

어떤 방해도 없는 적절한 주변 환경 조건에서는 우리가 당시 무엇을 하고 있는 중인가에 대해 별 신경을 쓰지 않고 완벽하게 편안함을 즐긴다. 자동화는 우리가 행하는 보통의 행동을 통제한다. 주변 환경 조건이 우호적이지 못할 때는 우리가 무엇을 하고 있는 가를 갑작스레 신경 쓰게 된다. 나는 완벽한 주변 환경 조건 하에 집으로 운전을 하며 오던 오후에 있었던 일에 대해서는 이야기 할 수 없을 것이다. 그러나 만약 폭풍우 치던 아침에 있었던 일에 대해 묻는다면 집과 학교 사이의 고속도로에서 있었던 자그마한 일 하나하나에 대해 상세히 말할 것이다.

Frameworks

읽기의 자동화

자동화의 개념을 이해하는 것은 제2언어 읽기 교사에게는 매우 가치 있는 일이다. 가끔 학생들은 동시에 너무 많은 읽기 과제를 읽으려는데 주안점을 두다 보니 읽은 것을 이해하지 못한다. 게다가 그들의 읽기 속도는 매우 느려서, 그들이 읽은 것 또한 이해하지 못하게 된다. 학생들의 읽기 속도를 증가시키게 되면 이해 기술을 높일 수 있는 학생들의 더 많은 인지 능력을 기를 수 있다.

우리가 제2언어 지도 시에 읽기 속도의 역할에 대해 조사할 때, 나는 독자들에게 분당 수천 어휘를 빠르게 읽으라고 제안하지 않는다. 나는 독자들이 유창하게 그리고 자동화로 읽기를 제안한다. 이것은 내가 읽기 교사로서 가르쳤던 ESL 학생들이 읽기속도에 있어 자동화와 유창성이 부족하다는 것을 알았을 때부터 나에게는 중요한 문제였다.

읽기 교사인 나는 교재가 수업시간의 학습자들에게 어떻게 읽기 속도를 발달시킬 수 있는지를 연구했다. 매우 실망스럽게도 학습자들에게 주어진 대부분의 공통된 지침은 "가능하면 빠르게 다음을 읽으세요."라는 것이다. 제2언어 독자에게 유창하게 읽는 법을 발달시키기 위한 방법으로 제시된 학습과 교수에 대한 나의 개인적인 철학은 받아들이지 않았다.

우리는 두 명의 다른 교사들의 생각(beliefs)과 나의 생각에 대해 점검해 볼 것이다. 4가지의 특수한 읽기 속도 발달 활동에 대해서도 알아볼 것이다. 그 활동은 읽기 내용 인지 자동화를 높이데 사용이 되어온 것으로서 제2언어 독자들이 단어 읽기 수준에서 유창하게 많은 양의 교재 내용을 읽을 수 있는 수준으로 높이는데 도움이 될 것이다.

Teachers Voices

Dawn Turton에게는 읽기를 가르치는 것이 새로운 것이 아니라, 학생들의 읽기 속도를 증가시키는 개념이 새로운 것이다. 그녀는 그녀 자신의 교수를 계속해서 통찰하고, 학생들의 읽기 속도를 증가시키는데 도움이 되도록 심사숙고 한다.

> 미국에 오기 전에 나는 읽기 속도 개념에 대해 상당히 많은 생각을 했다. 영국에 있을 때 나의 교육에서는 강조하지 않았던 부분이다. 미국 학교에서는 빠르게 읽는 법을 배우는가? 이 점은 나에게 매우 새로운 개념이다.
>
> 나는 중급 읽기반을 가르치며 한 동료를 알았다. 그는 그의 수업에서 읽기 속도 증가에 대해 말했다. 또한 다른 교사들로부터 학생들의 읽기 속도를 증가시키는 것에 관해 들었다. 그에 관해 토론을 하는 것을 들어왔기 때문에 속도 증가에 대해 관심을 갖고 있음을 알았다.
>
> 지금은 읽기 교수의 두 번째 학기이다. 나는 속도 증가 활동

을 이용하는 것이 학생들의 동기를 증가시키는데 도움이 된다는 것을 안다. 특히 두 명의 학생은 그들의 읽기 속도가 첫 학기 초급 반이었을 때보다 두 배나 증가되었음을 알 수 있다. 그들은 시간 제한 읽기 페이지를 수학할 때는 너무나 기뻐한다. 그들은 나에게 그것을 지적한다. 학생들은 나에게 말할 것이다. "3분 안에 읽은 것 좀 보세요." 이러한 모든 것이 동기화와 관련이 있다.

Dawn은 그녀의 말로부터 이러한 문제에 대한 상호연관적인 중요성을 지적해 오고 있다. 우리는 이 교재 후반에서 동기의 역할에 대해 논할 것이다(8장 : 동기화). 이 교재에서 논하고 있는 문제와 읽기 속도를 별도로 생각하고 논하기는 어렵다. Dawn은 계속해서 :

나는 part-time 수준 읽기 수업의 학생들 몇몇과 읽기 속도의 중요성에 대해 논하였다. 모든 학생들은 그들의 읽기 속도에 대해 인지하고 있다. 왜냐하면 이것은 우리 수업에서 초점을 두고 있는 영역이기 때문이다. 그렇다고 모든 학생들이 그들의 읽기 속도가 중요하다고 생각하는 것은 아니었다. 그들은 읽기 속도가 그들이 읽고 있는 교재에 따라 다르다고 생각했다. 그리고 학문적인 목적으로 읽기를 할 경우 천천히, 단어 하나하나를 읽는 것이 중요하다고 생각했다. 학생들 중 일부는 읽을 때 단어 하나하나를 따라 연필을 움직이는 것을 발견했다. 그래서 학생들에게 이렇게 하는 것은 읽기 속도를 늦추는 것임을 인지시키려 하였다. 그러나 나의 노력은 커다란 책임에 맞닥뜨렸다. 학생들은 그들이 읽기 속도를 높였을 경우 이해도가 떨어질까봐 두려워 한다. 학생들의 읽기 속도 증가와 이해하며 읽는 것을 돕기 위해 나는 몇 권의 읽기 도서를 통해 시간 제한 읽기와 시간 제한 연습을 사용한다. 또한 다른 방법으로 읽기를 하도록 하고 읽기 속도를 증가시키는 스캐닝과 스키밍에 초점을 두고 있다.

Dawn이 학생들과 읽기 속도 주제에 관해 진술한 것을 눈여겨 보자. 읽기 수업에서는 토론의 한 부분으로 학생들의 인지를 얻어내는 것이 중요하다. 아마 그들은 우리가 읽기 수업시간에 강조하는 이론에 관해 의견을 가지고 있을 것이다.

Dawn은 수업시간에 학생들에게 읽기 속도를 증가시키는 것의 중요성을 이해시키는데 도움을 주기 위해 사용한 몇 가지에 대해 계속해서 논한다.

> 나는 학생들에게 읽기 속도를 증가시키는 이점을 인지하도록 하기 위한 한 가지 방법으로 얼마나 많은 책을 빠른 독자가 읽을 수 있는지를 묘사한 도표를 사용하였다. 문제는 현재 학생들이 오직 학문적인 과목을 수강하고 있다는 것이고, 결국 그들은 필독 교재만을 읽는데 장시간을 들인다는 점이다. 그러나 그들은 증가하는 학문적인 교재들을 대비해서 읽기 속도를 증가시킬 필요가 있다.

그들이 과제를 읽어야 하는 시기가 오면 ESL/EFL 학생들은 유창한 읽기 속도로부터 이득을 볼 수 있다. 왜냐하면 읽어야 하는 내용들이 증가할 것이기 때문이다. 9학년의 사회학 과목에 새로 들어온 학생은 처음에는 영어를 읽고 이해해야만 하는 많은 양의 교재가 증가하는 것을 경험할 것이다. 대학 준비 과정으로 고급 읽기 과정에 등록한 국제 학생들은 교수가 제공하는 교재를 이해하기 위해서는 유창하고 자동화된 읽기를 발달시킬 필요가 있을 것이다. 이집트의 집에서 공부하는 EFL학습자는 그 자신의 학습영역에 있는 과학 교재들을 좀더 읽기 위해 유창한 읽기 속도를 발달시키기를 원할 것이다. 읽기 속도를 증가시킴으로써 학생들은 대학 공부에 필요한 많은 읽기 과제들을 읽을 수 있게 될 것이다.

읽기 유창성이 증가되면 또한 표준화된 시험에서 향상될 수 있다. ESL/EFL 학습자들은 공식적인 시험을 많이 치르게 되는데, 이때 읽기 속도가 시간 제한을 두는 과제를 해결하는데 중요한 역할을 하게 된다. 학생들은 또한 이러한 목적을 위해 읽기 속도를 증가시키는 것이 유익하다는 것을 안다. 이러한 것이 Dawn을 도와준 방법을 보자.

학생들은 토플 점수가 낮다고 말한다. 그래서 나는 토플 읽기 점수가 낮게 나오는 이유를 묻는다. 그들은 모든 내용을 다 읽을 수 없기 때문이라고 답한다. 나는 그들이 모든 내용을 다 읽을 수 없다고 생각하는 이유가 무엇인지 묻는다. 그들은 너무 많은 질문 때문이라고 지적한다. 나는 그들에게 토플 상의 많은 질문은 변화하지 않을 것임을 말한다. 그래서 무엇이 변화되어야 하는가? 나는 그들에게 묻는다. 그들이 답하기를 아마도 우리가 좀더 빠르게 읽어야 겠지요.

Teachers Voices

또 다른 교사의 얘기를 들어보자. Carolyn Okeeffe는 ESL교사로써, 그리고 District Pre-K-12 ESL 코디네이터인 워싱턴 Bothell에 있는 Northshore School District에서 보조 교사로 일한다. 워싱턴 대학의 ESL 교육과정에서 그녀는 또한 자격증 소지 예비(certification and preservice) 교사로서 재직한다.

두 단체에서 일할 때, 학습과정과 워크샵에서 읽기 속도를 매우 중시해 오고 있다. 학생들이 그들의 학문적인 일에서 뿐만 아니라 영어를 좀더 유창하고 자연스럽게 읽는데 성공적이기 위해서는 읽기 속도를 증가시키는 것이 매우 중요하다. 많은 학생들이 부족한 영어 언어 능력뿐만 아니라 모국에서도 조차 부족한 읽기 쓰기 능력을 가지고 우리 학교에 등록한다. 우리는 학생들이 그들 자신의 나라에서 매우 적은 학교 교육을 받아온 학생들은 중급교실에 받아들이고 있다. 읽기는 학생들이 모든 교육 수준에서 성공을 위한 가장 중요한 언어 기술중의 하나이다. 좀더 유창하게 읽는 법을 아는 것과 읽기 과제에 따라 읽기 속도를 조정하는 것이 이러한 성공을 위해 중요한 것이다. 위에 언급한 요인들 때문에, 고정된 속도의 읽기 시간 제한이나 고정된 양의 읽기로 시작하는 것은 많은 우리 학생들을 많이 진보시키고 있다. 초급과 중급 레벨 모두에서 나는 교사들의 읽기 속도를 증가시키는데 도움을 주었다. 정말 초보단계에서는 빠른 숫자인식에 도움을 주었다. 우리는 학생들이 편함을 느끼는 초급단계에서 자동화를 만든다. 여기 예가 있다.

8	1	9	7	8	6	3
4	1	3	4	5	7	9
11	1	12	21	10	11	17

학생들은 상단의 3세트처럼, 10개 목록 한 세트를 본다. 그들의 과제는 왼쪽의 숫자와 매치가 되는 숫자를 오른쪽 그룹 안에서 찾는 것이다. 교사는 이 활동의 시간을 잰다. 나는 열 개 목록의 여러 세트를 하도록 제안한다. 학생들이 숫자들을 인식하는데 좀더 자동적이 됨에 따라 그 속도를 증가시키기 위해서이다. 이때부터는 빠른 문자 인식으로 넘어간다. 과제는 같다. 열 개 목록의 여러 세트를 빠르게 끝내는 것이다. 문자를 인식한 후, 교사들은 학생들을 자음 혼합, 모음, 어휘로 넘어가게 한다. 초급과 중급 과정 독자들 모두 이러한 활동에 재미를 느낀다. 이러한 과제를 수행하는 것은 게임 같으면서 재미가 있다. 교사들은 종종 이러한 것을 수업 초기의 간단한 활동 또는 수업 종료시 빠른 복습으로 사용한다. 이러한 과제는 10분 이상 지속하지는 않는다.

빠른 단어 인식으로부터 교사들은 학생들을 빠른 구문 인식 활동으로 넘어가게 한다. 이러한 종류의 활동에서 학생들은 구문 그룹 안에서 중요 구문을 찾는다. 예를 들자면, 학생들이 중요구문 : buy lunch를 읽는다. 그들은 활동에서 그것을 읽을 때마다 이 중요구문에 동그라미를 하도록 한다. 아래와 같이

buy lunch	take a lunch	make lunch	bring lunch
buy milk	buy lunch	buy lunches	bake lunch
bring lunch	take lunch	find lunch	buy lunch

교사는 시간을 잰다. 각각의 연속적인 빠른 구문 활동을 통해 학생들은 언어 뭉치를 읽는데 좀더 숙련되고 성공적이게 된다. 이것은 학생들이 독해와 읽기 속도 증가를 위해 글 뭉치를 읽는 첫 번째 연습이다.

학생들이 중요구문을 읽고 찾는 연습을 계속 해온 후에, 우리는 짧은 100 단어 구절으로 글뭉치기 연습으로 넘어간다. 나는 교사들에게 작가의 사고와 어휘의 자연스런 흐름, 연관성을 찾기 위해 구절 안에서 언어 뭉치에 줄을 긋는 연습을 시켰다. 우리는 글뭉치 구문을 가지고 우리가 한 활동의 차이점을 논한다. 이는 자연스럽거나 논리적인 언어 뭉치가 무엇인가 그리고 어떻게 읽기와 언어 유창성 수준에 따라 다른가에 대해 풍부한 논의를 이끌어 내게 된다. 교사들은 되돌아 가서 이와 같은 활동을 학생들과 함께 시도한다. 제2언어 학습자들은 종종 단어 하나하나를 읽는다. 이 활동은 그들에게 유창한 독자가 자동화로 읽는 글 뭉치기 과정을 연습시키는데 도움이 된다. 이는 교사와 학생에게 읽기를 할 때 글 뭉치로 읽는 것의 중요성에 대해 그리고 읽기 속도와 읽은 것의 이해를 증가시키는데 어떻게 도움이 되는지에 대해 논할 수 있는 기회를 제공한다. ESL 학생들은 이러한 활동이 그들이 페이지 상의 모든 어휘들을 이해하게 하는데 도움이 되는 방법을 공유한다. 초급 수준에서 ESL 교사들의 많은 수가 Broderbund 사의 CD-ROM 프로그램을 사용한다. 학생들은 이러한 상호작용 이야기를 매우 좋아하고, 교사 또한 마찬가지이다. 학생들이 화면에서 본 것은 그들이 수업시간에 해 온 글 뭉치기 연습과 같은 것이다. 학생들은 이 활동을 지켜보고 등장인물 또는 해설가의 말을 들을 때, 그 페이지에 해당하는 이야기의 어휘들이 글 뭉치(chunks) 또는 구문(phrases)으로 강조하여 보여진다. 그들은 어휘 뭉치 읽기 연습을 하는 것이다! 그들은 이 기술에 대한 시각적 그리고 청각적 모델링을 한다.

일단 학생들이 연습을 해오고, 글 뭉치 읽기가 더 나은 이해력과 유창성을 조장하는 법을 이해할 수 있게 되면, 우리는 시간제한 읽기로 넘어갈 수 있다. 나는 교사들에게 학생들의 학습내용과 관련된 읽기를 활용할 것을 제안한다. 교사들은 고정된 속도와 다양한 속도로의 접근 두 가지 방법을 시도한다. 우리는 또한 반복되는 읽기 활동으로 다른 접근을 시도해 본다. 첫번째, 교사들은 학생들이 읽기의 gist를 위해 구문을 대충 읽어(skim)보도록 시킨다. 마지막 단계에서는 학생들이 제한된 시간의 읽기 속도로 그것을 읽도록 시키는 것이다. 학생들은 그들이 처음 대충 읽기와 요지 읽기(skimming and scanning) 후에 구문을 읽으면 얼마나 빨리 읽을 수 있고 이해할 수 있었는가에 대해 논한다.

우리가 읽기 속도를 증가시키기 위해 연습한 또 다른 활동은 학생들이 손가락, 연필 또는 펜을 읽기 지침으로 사용하지 않도록 돕는 것이다. 많은 학생들은 그들의 교사들에게 읽는 동안 어떻게 펜이나 연필을 사용하지 않고 읽는 부분을 놓치지 않을 수 있는지를 말한다. 어휘의 바다에서 연필은 표지의 역할을 한다. 내가 학생들에게 연습시킨 것은 그들의 연필을 읽는 부분의 마지막 줄에 옮겨다 놓는 것이다. 마지막 부분까지 읽게 되면 다음 줄의 마지막 부분에 연필을 옮겨다 놓는다. 학생들이 편안함을 느끼는 단계가 되면 교사들은 학생들이 그들 자신의 북마크를 만들어 코팅을 하도록 시킨다. 자신만의 새 북마크를 가지고 학생들은 그들이 읽고 있는 줄에 북마크를 놓는 연습과 각각의 줄 마지막 부분을 읽게 되면 한 줄 아래로 북마크를 옮기는 연습을 한다. 학생들은 한 번에 한 줄을 노출시켜 읽는 연습을 한다. 그 다음 단계는 구문의 끝부분에 북마크를 옮겨 놓는 것이다. 이제 전체 한 구문 또는 내용의 작은 부분이 학생들의 읽는 시야에 들어오게 된다. 학생들은 활자의 바다에서 길을 잃지 않으며 편안하게 읽을 수 있다. 학생들은 이 기술에 좀더 자신감을 갖게 됨에 따라 읽기 속도를 증가시키고 있다. 학생들은 어떻게 이 기술이 주어진 내용에 좀더 집중할 수 있었는지 그들의 ESL 교사와 의견을 교환한다. 학생들은 읽는 부분을 가르쳐 주던 연필, 펜, 또는 손가락을 사용하던 방법으로는 거의 되돌아가지 않는다. 물론, 다음 단계는 페이지의 아랫부분으로 북마크를 옮겨 놓아서 모든 내용이 노출되게 되는 것이다.

나는 일본, 한국, 그리고 중국 출신의 EFL교사들을 불러 학생들이 이러한 활동을 연습한 후 영어 읽기에서 얼마나 향상이 되었는지를 말하게 하였다. 학생들은 언어 덩어리로 강조시킬 때와 특별한 많은 양의 내용을 지침해 주는 것으로 북마크를 사용했을 때 대학원 수준 교과 교재내용을 읽는 것이 그들에게 더 쉬어지게 되었다.

Frameworks

읽기 속도 연구

나의 읽기 속도에 대한 생각은 지금까지 행해져 온 일부 연구에 의해 영향을 받아 왔다. 놀랍게도 제2언어 읽기 속도 영역에 대한 연구를 재고찰(review)해 본 결과 매우 소수의 연구들만이 있었다. 현존하는 소수의 연구들은 우리에게 매우 흥미로운 정보를 제공해 준다. Segalowitz, Poulsen, 그리고 Komoda(1991)의 자료에 의하면, 이중언어를 능숙하게(highly) 읽는 독자의 제2언어 읽기 속도는 모국어 읽기 속도보다 30% 가량 또는 그 이상 느리다(p.15). 이 자료는 또한 Weber(1991)에 의해 지지를 받는데, 그에 의하면 고도의 기술을 받은 (highly skilled) 이중언어인은 전형적으로 제2언어에서는 더 낮은 읽기 속도를 보인다고 한다. 보통의 ESL 독자들은 보통의 영어 모국어 화자보다 읽기 능력에서 낮다. 느린 읽기 속도는 L2 독자에게 그들이 영어로 된 내용을 공부하기 시작할 때에 심각한 단점이 된다. Jensen(1986)의 자료에 의하면, 읽기 공부를 한 사람들임에도 불구하고, 많은 고급단계의 ESL 학생들이 1분에 100단어 또는 그 미만 밖에 읽지 못한다고 한다. 많은 제2언어 독자들에게 읽기는 숨막힐 듯이 느린 과정이다. 빠른 읽기에 대한 명백한(explicit) 지도는 종종 교실수업에서 무시되어 온 영역이다. 여기 제안된 읽기 속도를 증가시키기 위한 활동과 논의는 제2언어 독자들이 분당 수천 단어를 읽도록 설계된 것이 아니라, 학문적 읽기 과제를 성공적으로 할만한 만족스러운 수준으로 그들의 읽기 속도를 증가시키는데 있다.

Weigle and Jensen(1996)은 UCLA에서 행해진 읽기 속도 발달 연

구를 논문으로 출간했다. 읽기 속도 지도는 UCLA의 국제 학생들에게 학문적인 다기술 과정에 통합되었다. 이러한 고급과정의 독자들은 분당 184단어를 평균 속도로 학기를 시작했다. 9주가 지난 후 학생들의 읽기 속도는 100wpm이상 증가했다. 일부 학생들은 400wpm이 향상되기도 했다. 이 연구는 t-test 를 통한 p<. 0.5 (95%) 수준에서 과학적으로 유효 것이라고 보고하고 있다. 이는 제2언어 읽기 교실에서 읽기 속도 지도의 영향을 조사한 몇 안 되는 실험논문 중의 하나이다.

Nuttall(1996)은 읽기에 약한 독자의 악순환(vicious cycle of the weak reader)이라는 묘사에서 좌절(frustration)은 느린 읽기의 부분일지도 모른다고 설명한다(p.129). 이해하지 못하는 독자들은 종종 읽기 속도가 느리고, 너무 많은 시간이 걸리기 때문에 읽는 재미를 느끼지 못한다. Nuttall이 제안하기를, 읽기 속도를 증가시키게 되면 훌륭한 독자의 효과 있는 순환(virtuous cycle of the good reader)으로 들어갈 수 있다고 한다(ibid.). 더 빨리 읽게 되면 독자는 좀더 읽기에 고무되어지고, 더 읽게 됨에 따라 이해력이 향상된다.

Investigations

3 적합한 읽기 속도는 얼마라고 생각하는가? ESL/EFL 읽기 교사와 면담을 하고 그녀의 학생들의 읽기 속도에 대해 물어보자.

Frameworks

최상의 읽기속도

Grabe(1991)가 주장하길, 능숙하게 읽는 것은 빠르게 읽는 것이다. 독자는 내용을 이해하는데 중요한 추리와 관련을 만들어 내기에 충분한 속도로 정보의 흐름을 유지하는 것이 필요하다(p.137). 모순된 자료가 최적의 또는 충분한 읽기 속도에 존재한다. 일부 연구가들은 분당 180단어가 미성숙(immature)과 성숙(mature)된 읽기 사이의 경계가 될는지 모르며, 이보다 낮은 속도는 충분한 읽기 또는 내용의 즐거움을 위해서는 너무 느리다 라고 주장한다(Higgins and Wallace, 1989, p.392). Dubin and Bycina(1991)는 분당 200단어의 속도가 전체를 이해하며 읽는데 절대적인 최소 속도가 될 것이다 라고 주장한다(p.198). Jensen(1986)은 제2언어 독자들이 교우를 따라가기 위해 모국어 화자에 근접한 읽기 속도와 이해수준을 추구하고 있다고 주장한다(p.160). 그녀는 분당 300단어가 최적 수준이라고 주장한다. 이 속도는 Nuttall과 그의 추종자들에 의해 지지를 받고 있는데, 그들은 보통의 교육과 지능의 영어 L1화자의 읽기 속도가 분당 약 300wpm이다. L1화자들 사이의 범위는 매우 크다. 최고 800wpm, 최저 140wpm의 읽기 속도가 특이한 것은 아니다라고 주장한다.

Carver(1990, p.14)는 5가지 읽기 과정을 제안하였고, 각각은 고유의 속도를 갖는다. 이 5가지 과정과 고유 속도는 다음과 같다.

Reading process	Processing components	Target WPM
Scanning	Lexical accessing	600
Skimming	Semantic encoding	450
Rauding	Sentence integrating	300
Learning	Idea remembering	200
memorizing	Fact rehearsing	138

"Rauding"라는 영어 용어는 Carver의 신조어이다. 이를 정의하자면 읽는 또는 듣는 동안 연속적으로 떠오르는 생각들의 모두 또는 거의 전부에 대한 이해 ; reading 과정이 작용하는 동안 떠오르는 생각들 전부의 75% 또는 그 이상에 대해 이해하는 것이다(Carver, 1990, p.467). Carver는 이

것이 종종 자연스런, 보통의, 전형적인, 또는 보통의 읽기라고 불려지는 것의 대표라고 주장한다(p.160). 이것은 300wpm이 충분한 읽기가 이루지는 속도라는 것을 주장하는 것이다. 우리가 300wpm보다 더 빠르게 또는 더 느리게 읽는다면, 읽기를 하고 있는 것이 아니다. 우리는 내용을 대충 읽기(scanning), 요지 읽기(skimming), 학습하기(learning) 또는 기억하기(memorizing) 를 하고 있는 것이다.

나는 Carver가 이것을 동의하리라고는 확신하지 않지만, 이것은 나에게 즉시 제시되는 과제에 따라 읽기 속도를 적응하는 중요성을 제안하고 있다. Carolyn은 p.55에서 Teachers Voices 부분에서 학생들에게 읽기 과제에 따라 그들의 읽기 속도를 적응시키는 방법을 가르치는 중요함을 언급했다. Carver는 만약 분당 300wpm보다 적게 읽는다면 그것은 정말로 읽는 것이 아니라 학습하기(learning)나 기억하기(memorizing)를 하고 있는 것이라고 주장한다. 이는 읽기 속도 적응은 당면하고 있는 내용에 관계된 목적에 부합되어야 한다. 대충 읽기(skimming), 요지 읽기(scaning), 읽기/듣기(reading/listening), 학습하기(learning), 또는 기억하기(memorizing)로 제안하는 듯하다.

나는 적절한 읽기 속도에 관한 문제를 다룬 문헌 고찰을 토대로 분당 200wpm을 교실 수업의 목표로 세워왔다. 이는 학생들에게 너무 과중한 책임을 지우지 않고 공부를 해나갈 수 있는 합당한 목표임이 증명되어 왔다.

Investigations

4 읽기 속도에 대한 Carver의 연구에 대한 당신의 반응은 어떠한가? 그의 주장에 동의하는가? 그러한 또는 그렇지 않은 이유는 무엇인가? 당신의 반성적 독해일지(Reflective Reading Journal)에 당신의 생각을 적어보자.

Frameworks

읽기 속도 향상을 위한 가능한 교실활동

1960년대, 그리고 1970년대 동안 빠른 읽기를 위한 교육학적 기술에 관한 4가지 중요한 조언이 있다. Harris(1996)는 그의 저서 『*Reading improvement Exercises for students of English as a Second Language*』에서 시간제한 읽기를 위해 이용된 선발 뿐만 아니라 어휘 인식, 어휘 쌓아가기에 대한 연습을 제공하였다. 또한 대충 읽기(skiming)와 요지 읽기(scaning)에 대한 연습을 제공하였다. 학생들은 가능한한 빨리 구문을 읽도록 지시 받았다. 반면에 Plaister(1986)는 읽기 속도를 향상시키는데 메트로놈을 사용하기를 제안하였다. 메트로놈은 교사가 준비한 내용을 읽기 위해 3×5 지침 카드가 있는 보측자(pacer)로 사용되었다. 목표는 눈을 한번 고정시키고 내용의 한 줄을 읽고 나서 메트로놈의 박자에 맞춰 다음 줄로 이동하는 것이다. 이와 대조적으로, Seliger(1972)는 앞서 훑어보기(previewing), 요지 읽기(scanning), 직접읽기(directed reading), 그리고 눈의 퇴보를 줄이기 위한 보측자(pacer)로서 손가락을 사용하기를 제안하였다. 마지막으로, Riley(1975)는 그녀가 "구 읽기(pharse reading)로 언급한 방법을 제안하였다. 이 방법은 Plaister가 제안한 방법과 유사한데, 단위(units) 읽기를 통해 눈의 기간을 증가시키도록 학생들을 가르치는 것이다. 페이지 중앙의 아래에 상상의 가로 줄에 초점을 맞추고, 내용을 읽기 위해 눈 간격의 사용을 통하도록 지시된다. Riley는 또한 독자의 보조를 맞추기 위한 도움으로서 읽기 기계를 사용하도록 제안하였다.

이것은 Carolyn이 앞서 본 장 55-56쪽에 언급한 읽기 수업에서의 활동들이다. 읽기 속도 향상 연습(reading rate building exercises)은 그녀의 수업에서 매우 효과적이였다. 그녀의 학생들은 그 연습으로부터 많은 이익을 얻은 듯 했다.

이러한 4가지 방법은 기계적인 도구, 특히 교사에 의해 준비된 내용 또는 가능한한 빨리 읽기 위한 간단한 지시에 의존한다. 심리 언어 연구에 의하면 눈 간격(eye span)을 증가시키는 것은 문제 되지 않는다 (Carpenter & Just, 1986; Rayner & pollatsek, 1989). 대신에 눈이 고정된 동안 단어 인식의 효율성을 향상시키는데 더 노력을 해야 한다. Grabe(1991)는 눈 움직임 자료를 설명하는 연구를 재고찰하고, 내용어(content worlds)의 80%와 기능어(function words)의 40%가 읽을 때 직접적으로 초점이 맞춰진다고 지적하였다(p.385). 이러한 활동이 읽기 기술을 발달시키는데 도움이 될 지라도 학생들은 상당부분 이러한 방법을 통해 그들의 읽기 속도를 증가시키는 것을 배우지 않는다.

다음 네 가지 읽기 속도 활동은 학생들의 읽기 속도를 증가시키기 위한 제2언어 읽기 교실에서 사용되어 질 수 있다. 이러한 활동은 교사들에게 학생들의 연습을 위한 어떤 특별한 내용을 준비하도록 요구하지 않는다. 읽기 수업의 부분으로서 사용되어지는 교재는 이러한 읽기 향상 연습을 위해 사용될 수 있거나, 학생들이 읽기 향상을 연습하기 위해 수업에 그들 자신의 읽기 내용을 가지고 올 수도 있다.

속도 향상 읽기

학생들은 그들에게 가능한 많은 내용을 읽는데 60초를 부여 받는다. 그리고 나서 내용의 시작부터 다시 읽기 시작하고 60초를 다시 부여 받는다. 처음 60초보다 두 번째 60초 시간동안 좀더 많은 내용을 읽는 것이다. 이 기법을 3번 또는 4번 반복한다. 이 활동의 목적은 전에 읽은 내용을 빨리 재독(reread)해서 새로운 내용으로 자연스럽게 넘어가게 하는 것이다. 두 눈은 빠르게 전에 읽은 내용에서 움직이기 때문에 사실상 학생들이 더 빠른 읽기 속도로 그들의 두 눈을 움직이도록 하는 방법을 배우는 것이다. 이 연습은 단순히 두 눈을 빠르게 움직이는 것 이상을 의미한다. 내용을 따라 읽으면서 이해되어야 한다. 학생들은 이런 속도 향상 활동에 참여함으로서 읽기 속도를 증가시키는 것을 배운다.

반복 읽기

학생들은 읽기 속도와 이해의 표준 기준을 달성할 때까지 반복해서 짧은 한 구문을 읽는다. 예를 들자면, 학생들은 2분에 걸쳐 4번 짧은 100 단어 구문을 읽으려고 시도할 수도 있다. 표준 기준은 수업마다 다양하겠지만, 적합한 표준 기준 목표는 70% 이해할 수 있는 분당 200단어의 수준이다. 영어 모국어 화자의 연구 결과는 다음과 같다.

> 학생이 이 기술을 지속적으로 사용함에 따라, 각각의 새롭게 선택된 내용(selection)에 대한 초기 읽기 속도는 앞서 선택한 내용에 대한 초기 속도보다 더 빨랐다. 또한 학생들이 기술을 지속적으로 사용함에 따라 표준 읽기 속도에 도달하기 위해 요구되어지는 반복 읽기의 횟수가 줄었다. 이는 읽기 유창성에서의 일반적인 향상과 연습의 결과를 지적하는 듯하다.

Teacher's voices

Dawn은 그녀의 수업에서 읽기 속도 향상(Reading Rate Building)과 반복 읽기(Repeated Reading)활동을 시도하였다. 그녀가 말한 것을 살펴보자.

> 나는 읽기 속도 향상과 반복 읽기를 사용한다. 학생들이 이 활동을 즐겨한다는 것을 알았다. 나는 이 활동은 읽기 속도에 관해 이야기를 처음 시작할 때 사용하였다.
>
> 학생들은 두번째 구문을 읽고 나서는 읽는 속도가 느리기 때문에 첫번째 구문을 기억할 수가 없다고 말한다. 나는 이러한 이유 때문에 학생들에게 만약 그들이 빠르게 여러 번 읽고 나면 이해하는데 영향을 줄 것이라는 보여주기 위해 속도 향상 읽기를 사용한다. 처음에는 학생들이 믿지 않았다.
>
> 나는 학생들에게 같은 내용을 여러 번 읽게 될 것이라고 말할 때, 그들은 회의적이었다. 그들의 생각은 3번 읽으면 그만큼 시간도 3배가 걸릴 것이라는 것이다. 나는 학생들에게 그들의 속도를

증가시킬 것이라고 말했지만 믿지 않았다. 나는 또한 그들의 이해를 증가시킬 것이라고 말했고 그들은 그것 또한 믿지 않았다.

나는 약간의 경험을 시도했다. 한 집단이 5분 안에 1회 구문을 읽고 질문에 답하도록 시켰다. 또 다른 집단은 같은 내용을 5분 안에 3번 읽는다. 3번 읽은 집단의 이해도 점수가 더 높았다.

Frameworks

수업 속도조절 읽기

이 활동을 위해서는 최소한의 읽기 속도를 위한 수업 목표에 대해 논의를 해야 한다. 일단 목표가 세워지면, 읽어야 하는 내용 페이지 당 평균 단어 수를 센다. 그리고 나서 수업 목표에 도달하기 위해서는 1분에 얼마나 많은 내용을 읽을 필요가 있는지를 결정한다. 예를 들면, 만약 수업 목표가 분당 250단어를 읽는 것이고 읽어야 하는 내용이 페이지당 평균 125단어라면, 매 30초마다 한 페이지를 읽어야 한다는 것이다. 각각 30초가 경과할 때마다 교사는 다음 페이지로 옮겨가도록 지시한다. 학생들은 설정된 수업 목표를 따라가려고 고무되어진다. 물론, 250wpm보다 더 빨리 읽는 학생들은 그들의 읽기 속도를 늦추도록 하지는 않는다. 그들에게 지정된 페이지보다 앞서 나가는 한 그들은 읽기를 계속한다.

자기 속도조절 읽기

이 활동의 과정은 위에 언급한 수업 속도 조절 읽기 활동과 매우 유사하다. 이 읽기 속도 활동동안 학생들은 읽기 속도에 대한 그들 자신의 목표를 결정한다. 그들은 그들의 목표 속도에 도달하기 위해 60초 시간 안에 얼마나 많은 내용을 읽어야 할 필요가 있는지 결정한다. 예를 들자면, 한 학생의 목표 속도가 분당 180단어라고 가정해보자. 읽어야 할 내용은 줄 당 평균 10단어가 있어야 한다. 학생은 목표에 도달하기 위해

1분에 18줄의 내용을 읽을 필요가 있다. 이 활동은 각각의 학생이 몇몇의 줄 뭉치를 표시함으로써 그리고 5-7분의 시간동안 지시자가 시간을 알려주면서 조용히 읽음으로써 잘 진행되어진다. 그리고나서 학생들은 그들의 개별 읽기 속도 목표에 도달했는지를 결정할 수 있다.

부가 활동

이러한 4가지 특별 교실 수업 읽기 속도 활동 이외에, 학생들은 다양한 읽기 구문들과 대부분의 읽기 향상 교재에서 찾아 볼 수 있는 4지선다형 이해도 문제를 접할 수 있다. 학생들은 읽기 속도와 읽기 이해를 위한 개인별 목표를 세울 수 있다. 학생들은 읽는 동안 적어도 70%를 이해하며 분당 최소 200단어를 읽도록 고무되어질 수 있다.

속도는 읽기 과정에 매우 근접한 관계가 있다는 Carver의 의견을 재고해보자. 공부나 기억을 위한 것이 아니라, 어떤 내용을 이해하기 위해 읽을 때는 300wpm의 속도이다. 나는 내 수업에서 제2언어 독자들에게 최소 200wpm의 속도로 읽기를 요구할 때에는 공부나 기억할 의도가 아닌 구문들을 사용한다. 읽기 수준은 언어 유용성의 수준보다 약간 낮을 필요가 있어야 학생들이 새로운 내용을 배우는 것이 아니라 읽기 유창성을 연습할 수 있다.

이러한 읽기 향상 활동은 독자들에게 교재에 대한 자동적인 단계가 주어지도록 추구한다. Murtagh(1989)는 훌륭한 L2 읽기는 빠른 자동화 단어 처리과정에 의해 특징 지워지는 것이다라고 주장한다(p.102). Laberge and Samuels(1974[Samuels에서 인용, 1979])은 특히 반복 읽기 기술은 읽기에서 자동화 정보 과정 이론의 함축을 교수 하는데서 대부분 나타난다고 주장한다(p.406). Samuels은 계속해서 다음과 같이 주장한다:

> 자동화이론에 따르면 유창한 독자는 자동적으로 교재내용을 해독한다. 즉 주위를 기울이지 않고 그래서 이해하기 위해 사용되는 주위집중에서 자유롭다. … 반복 읽기의 한가지 중요한 기능은 자동화가 되기에 필요한 연습을 제공한다는 것이다(p.406).

그는 해독을 위해 주위집중을 덜 필요로 하면 할수록 더 많은 주위집중이 이해를 위해 이용될수 있으며, 재독은 유창성을 향상시키고 이해력을 높이게 된다고 강조한다(p.405-406). 이러한 생각은 또한 Murtagh에 의해 지지를 받는다(1989). Segalowitz, Poulsen and Komoda(1991)은 L1에서보다 L2에서 더 느리게 읽는 이중언어인은 L2 읽기에서 단어 인식 과정의 자동화를 향상시킬 필요가 있다고 주장한다(p.7). 위에 언급한 빠른 읽기 활동은 제2언어 읽기에서 필요한 자동화 기술을 만드는 연습을 조장할 수 있다.

우리는 우리 학생들에게 분당 최소 200단어를 읽을 수 있도록 할 필요가 있다고 생각한다. 일부에서는 읽기 속도가 학생들의 흥미도와 내용의 난이도에 따라 다양해야만 한다고 주장할지도 모른다. 나는 그것이 읽기 속도 수준의 경계인 약 200wpm에 도달한 다음의 문제라고 생각한다.

유창성 대 정확성

종종, 읽기 속도를 증가하기 위해 교사들은 유창성 대신에 정확성을 너무 강조한다. 그리고 정확성이 너무 강조되면 읽기 유창성이 저해된다. 교사는 읽기 속도 향상과 읽기 이해의 균형을 맞추어 학습을 진행해야만 한다. 일부 속도 향상 연습을 하는 동안 교사는 읽기 이해보다 읽기 속도를 강조할 필요가 있을 것이다.

초급단계 독자를 위한 속도 훈련

위에 언급한 활동은 중급과 고급 수준의 유창한 ESL/EFL학습자들에게 매우 효과가 있다. 읽기 속도에 초점을 둔 나의 목표는 독자들이 분당 수천 단어를 읽도록 하는데 있는 것이 아니라 단어 인식에서 자동화를 발달시키는 것이다. 그래서 그들의 읽기 속도가 문장간 그리고 구문간의 의미있는 관계에 초점을 두도록 하는 것이다. 우리는 문자와 단어 단위로 초급단계에서 자동화에 초점을 맞추어 시작할 수 있다.

Harris의 형식에 따라 읽기 교사는 초급 단계의 독자들에게 다음과

같은 연습을 완성하도록 요구할 수 있다:

◆ 왼편의 모양을 보자. 오른편에 같은 모양을 동그라미 해라.

❐	|	▲	❐	▮	✱	❍
▲	|	✛	☆	●	▲	†
❍	|	✲	★	❍	✛	✘
✳	|	✥	✤	✳	✔	✕

◆ 문자를 사용하여 활동을 계속한다.

b	|	b	p	d	l	y
V	|	W	M	Q	V	R

◆ 그리고 나서 어휘를 사용한다.

ball | tall call all ball fall

◆ 마지막으로 구문을 사용한다.

You're welcome | You're welcom You are welcome It is welcome

그래서 읽기 속도와 자동화 향상은 초급단계 독자에게 교수될 수 있다. Paul Hardin이 Cultivating Vocabulary(p.24)의 Teachers' Voices에서 언급한 것을 재고해보자. 그는 이와 같은 활동을 단어 인식에서의 자동화를 발달시키기 위해 사용한다. Carolyn은 또한 이와 같은 활동에 앞서 그녀의 Teachers' Voice 부분(p.57)에서 숫자 인지로서 언급을 하였다.

Teachers' Voices

교실 밖에서 읽기를 위해 이러한 것을 사용하는가? Dawn의 생각을 들어보자.

학생들의 학문적인 삶을 위해 이러한 교실 수업 기술방법에 대한 모아둔 자료는 없다는 것을 알지만, 나는 이러한 방법이 학생들의 전체적인 읽기에 영향을 준다는 일화적 증거를 믿는다. 학생들은 나의 읽기 수업을 마치고 난 후에 그들의 읽기 속도길이에 초점을 둔다고 말한다.

Frameworks

컴퓨터소프트웨어

컴퓨터는 읽기 교사들이 읽기 속도 연습의 또 다른 형태를 제공하는데 사용할 수 있는 도구이다. Hyperbole Software에서 개발한 소프트웨어인 NewReader는 두가지 읽기 속도 연습 구성요소를 포함하고 있다(이 소프트웨어가 제공하는 부가적인 연습이 있음을 숙지하라.). NewReader의 큰 장점은 교사들이 그들 자신의 교재를 대충 훑어 보고 학생들에게 수업시간에 사용하는 교재내용을 사용하여 연습하도록 할 수 있다는 것이다. 시간제한 읽기 연습(Timed Reading exercises)에서 컴퓨터는 독자의 평균 읽기 속도를 점검한다. 속도 읽기(Paced Reading) 연습에서는 컴퓨터가 분당 100-500단어 속도의 교재내용을 보여준다.

Teachers' Voices

Down은 그녀의 학생들에 적합했던 것 같은 읽기 속도 향상 활동에 대해 언급한다.

성공적이라고 증명된 한 활동은 학생들이 컴퓨터에서 New Reader 프로그램을 사용하도록 한 것이였다. 그들은 컴퓨터에서 읽기 속도를 점진적으로 증가시킬 수 있는 기회를 갖게 된 것을 즐거워하는 듯했다.

읽기 교사들은 학생들의 읽기 속도 증가시키는 중요한 역할에 대해 숙지함으로써, 학생들의 읽기 기술을 향상시키는데 도움이 되는 좀더 나은 위치에 있게 될 것이다.

Investigations

5 Hyperbole Software에 NewReader의 설명본을 얻기 위해 편지를 써보자. 이책이 출판 되었을 때 주소는 5 sunnyside Drive, Athens, OH 45701-191 USA이다. 전화 : (614) 594-4609. 소프트웨어를 한번 사용해 보자. 수업에서 시차 읽기(Timed Reading)와 속도 읽기(Paced Reading) 연습을 시도해 보자. 이러한 읽기 속도 연습 기회에 대한 반응은 어떠한가? 당신의 반응과 당신 학생들의 반응을 반성적 독해일지(Reflective Reading Journal)에 기록해 보자.

6 네 자신의 읽기 속도를 점검해 보자. 시간제한 읽기를 해보고 평균 읽기 속도에 대해 알아보자. 너의 읽기 속도에 대한 네 반응은 어떠하였는가? 이 측정에 대한 네 반응은 어떠한가?

7 제2언어 독자와 그 또는 그녀의 읽기 속도에 대해 면담을 해보자. 그 또는 그녀는 자신의 읽기 속도에 대해 알고 있는가? 학습자는 그 또는 그녀의 읽기를 향상시키기 위해 무엇을 행하였는가?

8 ESL/EFL 읽기 교사와 면담을 해보자. 그녀 또는 그는 그들의 학습자들의 읽기 속도를 증가시키기 위해 어떻게 하는가? 그들은 그들이 한 방법이 효과적이라고 생각하는가?

9 만약 네가 모든 활동을 한번씩 시도해보기를 원한다면, ESL/EFL학습자들의 한 집단의 각각 학생들에게 시도해보려고 생각할 것이다. 이런 다양한 활동을 사용하는데 한 달의 기간이 걸릴 것이고 네 수업에서 그것들의 가치를 얻을 수 있을 것이다. 활동에 대한 학습자들의 반응을 살펴보자. 한 달 후 읽기 속도에서 증가를 볼 수 있는가? 만약 너의 특별 교수 환경에 적합한 활동을 결정한다면, 그 이유를 설명해 보자. 이러한 활동에 대한 너의 반응을 반성적 독해일지(Reflective Reading Journal)에 기록해 보자.

맺음말

자동화는 강력한 읽기 기술을 발달시키는데 중요한 역할을 한다. 나의 생각은 몇 년 동안 함께 공부해온 학생들을 지켜보는데 뿐만 아니라 나 자신의 읽기에 근거한 것이다. 읽기 속도가 더 자동화 되었을 때 독자들은 그들이 읽고 있는 것을 이해하기 위한 그들의 인지 기술을 사용할 수 있을 것이다. 그들은 생각하는 시간을 한번에 한 단어씩 구문을 옮겨가는 것이 아니라 읽은 것을 분석하고 종합하는데 보낼 수 있게 될 것이다. 독자는 자동화된 기술로 읽기 과제를 접근해야만 한다. 그녀는 그녀가 하고 있는 것에 관련된 단계들 각각에 관해 생각할 필요가 없어야 한다. 훌륭한 독자는 내가 아름다운 봄날 대학에서 집으로 향해 운전하며 접했던 방법처럼 읽기 과제를 접할 것이다. 읽는 기쁨은 책을 손에 집게 할 수 있는 것이고 과제와 씨름할 필요 없이 이해할 수 있게 되는 것이다.

추천도서

읽기 속도 문제에 대해 읽기 교사로서 좌절을 안다는 것은 ESL/EFL 교사들에게 사실 학생들의 읽기 속도를 증가시키는 방법을 제안하는데 유용한 것이 아니라는 것을 재고해보라. S.J.Samuels의 1979 논문, 독해교사(The Reading Teacher)는 내가 어떻게 제2언어 독자를 위해 반복 읽기 기술을 채택할 수 있는가에 대한 나의 생각에 영향을 준 도구들 중의 하나이다. 당신 또한 이것의 이점을 찾을 수 있을 것이다.

Ron Carver의 *Reading Rate, a Review of Research and Theory* (1990)에서는 모국어 독자의 읽기 속도 연구에 대한 매우 흥미로운 생각을 보여주고 있다. 나는 좀더 제2언어 읽기 교사들이 그의 작품에 대해 지각하기를 바라며 제2언어 독자들에 관계된 이러한 문제들에 대해 대화를 시작할 수 있기를 바란다. 그의 작품을 읽은 후의 너의 생각을 살펴보자.

제 6 장
전략 5 : 독해 전략 입증

Teachers' Voices

내가 초등학교 6학년이었을 때, 선생님께서 학교 오케스트라에 관해 알리는 글을 건네주셨다. 고등학교 음악 선생님께서 일주일에 한번 우리 조그만 초등학교에 오셔서 오케스트라에 관심 있는 학생들과 연주를 하게 될 것이라는 내용이었다. 얼마나 흥분되는 일인가! 그날 두 명의 이웃 친구들과 집으로 걸어갔다. 그들은 이미 오케스트라 단원이었다. Kirsten은 비올라를 연주했고 Peter는 첼로를 연주했다. 나는 오케스트라에 친구들과 합류하기로 결정했다.

그날 저녁때 부모님께 학교 오케스트라에 합류하겠다고 알렸다. 집에 피아노가 있었고 나는 레슨을 받고 있어서, 나의 음악적 기술을 펼칠 준비가 되어 있다고 생각했다. 나의 아버지는 집에서 끽끽거리는 바이올린 소리를 원치 않는다고 말씀하셨다.

그때까지 나는 내가 연주하기를 원하는 악기가 무엇인가에 대해 심각하게 생각하지 않았었다. 나는 단지 오케스트라에 단원이 되기를 원한 것 뿐이었다. 나의 아버지의 대답이 나의 열렬한 열정을 무너뜨릴 수 있기 전에 나는 그에게 바이올린을 연주할 생각은 없다고 말했다. 나는 콘트라베이스를 연주하고자 했다. 콘트라베이스? 얼마나 좋은 선택인가!

용감과 확신에 차서 알렸다. 그것은 끽끽거리는 바이올린이 아니었다. 그래서 나는 부모님께서 방심하는 틈을 탄 것이다. 반대할 이유가 없었다. 나는 오케스트라에 합류했고 콘트라베이스를 연주하기 시작했다.

오케스트라 첫 모임에서 선생님께서는 내가 사용할 커다란 콘트라베이스를 가지고 오셨다. 그것은 아름다웠다! 나는 그 같은 것을 본적이 없었고 초등학교의 다른 학생들 역시 마찬가지였다. 이것은 매우 크기 때문에 나는 이것을 들고 자주 집과 학교를 왔다 갔다 할 수가 없다는 것을 알았다. 나는 악기를 집으로 가지고 가는 대신 수업 전 또는 방과 후에 연습하기로 했다.

어느 순간에 나는 주말에 좀더 연습을 하고 싶어졌다. 그래서 나는 콘트라베이스를 집으로 가지고 갔다. 내가 연습하는 것을 보신 나의 아버지의 반응을 기억한다. 무슨 음악이냐? 아버지께서 물으셨다. 나는 어떻게 대답해야 할지 확신이 안 섰다. 내가 연습할 때 나는 내 머리 속에 다른 악기들이 연주하는 것을 들을 수 있고 내 부분이 음악의 전체 패턴에 어울려야 하는 방법을 알고 있다. 나는 단순히 더 큰 전체의 한 부분임을 알았다. 11살인 내가 아버지에게 그것을 설명하는 것은 어려웠다.

그리고 나서 나는 생각하기 시작했다. 콘트라베이스는 혼자 연주 할 때는 정말이지 그다지 아름다운 악기가 아니다. 진정 음악을 만들기 위해서는 다양한 악기들과 함께 연주할 때야 비로소 참된 가치가 있다. 내가 하고 있는 부분이 음악의 아름다움 전반에 어울림을 아는 것은 음악의 아름다움에 대해 좀 더 의식하게 만들었다. 만약 콘트라베이스가 없다면 음악이 얼마나 시시껄렁하게 들렸겠는가 하고 생각했던 것을 기억한다.

오케스트라에서 바이올린, 비올라, 첼로 그리고 다른 악기들과 함께 콘트라베이스의 상호의존성을 이해하는 것이 나에게는 매우 중요한 학생 경험이었다.

Teachers' Voices

Down은 그녀가 언어 학습 전략 교수를 위해 몇 가지 기술을 현재 실험하고 있는 상황이다. 그녀가 읽기 전략을 교수하는 동안 실행했던 것을 살펴보자.

나는 나의 읽기 수업에서 명백하게 전략을 교수하려고 노력해왔다. 학기 초에 읽기 전략 질문지를 작성한 후, 나는 학생들에게 그들이 사용한 전략들 중 어떤 전략이 읽기에 도움이 되었는지에 관해 말해보도록 요구했다. 그들은 작은 집단을 형성하여 이에 대해 논의를 하고 우리는 학생들의 읽기 향상에 도움이 될 수 있는 전략 목록을 만들었다. 일주일 후 나는 만약 학생들이 우리가 논의했던 새로운 전략들 중 어느 것이라도 사용하려고 시도했는지 그리고 학생들이 수업 외의 것을 읽을 때 그 전략을 사용했는지, 그들은 전과 같은 방법으로 일기를 하고 있는지를 점검한다. 그리고 나서 나는 학생들에게 한 구문을 읽도록 요구하고 그들의 읽기 과정에 대한 단계별 분석을 적는다. 학생들은 파트너와 이 목록을 교환하고 파트너는 처음 학생과 같은 방법으로 같은 구문을 읽어야 한다. 나는 이 기술을 교실 안 그리고 교실 밖 숙제로 사용하였다. 학생들 일부는 다른 전략을 사용할 수 있어서 도움이 됨을 알게 되었다고 말했고, 다른 학생들이 어떻게 읽기에 접근하는지를 알게 되고 우리는 일부 전략들이 다른 학생들에게 더 도움되는 이유에 대해 논의할 수 있다.

이번 주 나는 수업시간에 문장연구를 살펴보고 있다. 학생들은 주제를 끌어내기 위해 길고 복잡한 문장들을 분석하기 위해 전략을 사용하고 있다. 나는 전략에 대한 명백한 지도가 나의 읽기 수업에 매우 도움이 되는 것을 알았다. 그러나, 나는 또한 이는 10주 과정보다 더 긴 시간이 필요로 하는 영역이라고 생각한다. 학생들이 정규 강의실(Full-time academic classes)에 있는 다음 학기에 학생들을 관찰해 볼 때, 그들이 여전히 우리가 살펴본 전략을 사용하고 있는지를 알아보는 것은 매우 흥미로울 것 같다.

Frameworks

전략 정의

전략은 학습자가 의도하는 목적과 목표를 달성하기 위해 선택하고 통제하는 의도적인 행동으로 정의될 수 있다(Windograd and Hare, 1988, p.123). 이 정의는 독자들이 전략적 읽기에서 행하는 중요한 역할을 강조한다. 학생들은 의도하는 결과에 도달하기 위해 읽기 전략의 사용을 어떻게 잘 배합시키는가를 학습할 필요가 있다. Garner, Macready 그리고 Wagoner(1984)는 한가지 전략이 한가지 이벤트(event)가 아니라 일련의 활동이며 학습자들은 전부는 아니지만 그 일련의 활동의 일부를 습득했는지도 모른다라고 지적한다(p.301).

연구가들은 전략을 사용하는 방법을 독자에게 교수하는 것이 읽기 교실 수업에서 주요 관건이라고 제안해왔다. L2 독자에게 주어진 전략의 사용법을 교수하는 동안, 또한 그 전략을 사용해서 성공했는지의 여부를 결정하는 방법에 대해 교수되어야 한다. Garner(1982)는 낮은 능력의 독자는 전략 연습이 성공적인지를 지시해주는 연습이 필요하다고 강조한다. 그러한 훈련은 전략의 '언제' 그리고 '왜' 가 적어도 무엇 만큼 많이 사용됨을 강조한다.

앞서 논의되었던 CALLA(Chamot & OMalley, 1994)에 대한 우리의 소개를 재고해보자. Chamot and OMalley는 언어 전략 지도를 CALLA의 세 번째 그리고 중요한 요소로서 포함한다(p.11). 그들은 명백한 전략 지도의 중요한 역할을 강조한다.

> 우리는 정신적으로 활동적이고 읽기 활동을 분석하고 반성해보는 학생들이 보다 효율적으로 새로운 정보를 학습하고, 보유하고, 사용할 수 있을 것이라고 반복해서 강조한다. 더군다나, 학생들은 학습 활동에서 전략을 적용하기 위한 그들의 노력을 말로 표현하거나 묘사한다면 새로운 과제를 좀더 효과적으로 학습하고 적용할 수 있을 것이다(p.11).

우리는 앞서(Teaching Strategy 3 : Teach for Comprehension) 메타인지적 인지(metacognitive awareness)를 언어화 시키는 가치에 대해 논하였다. Chamot and O'Melly는 그들의 접근법에서 또한 이 요소를 강조한다. 우리는 본 장에서 지도적 도구로서 전략의 언어화를 사용할 수 있는 방법에 대해 좀더 논의를 할 것이다.

교사 설명의 역할

교사의 역할 중 설명(explanation)은 전략사용을 입증하는 법을 학습하는데 절대 필요한 부분이다. Winograd and Hare(1988)는 전략 사용에 대한 교사 설명에 포함될 수 있는 5가지 요소를 제안한다. : (1) 전략이란 무엇인가? (2) 전략은 왜 학습되어져야 하는가? (3) 어떻게 전략을 사용하는가? (4) 언제 그리고 어디서 전략이 학습되어야 하는가? (5) 전략의 사용을 어떻게 평가하는가? 독자에게 전략의 성공적인 사용을 점검하는 방법을 교수하는 것은 앞서 생각했던 것보다 더 중요할지 모른다. 행해져야만 하는 것에 대한 인지적 이해는 읽기를 하는 동안 성공을 보장하기에는 충분하지 않다. 독자는 또한 주어진 전략의 사용을 적용시키는 법을 이해해야만 한다.

내가 행해온 연구의 일부(N. J. Anderson, 1991)가 지적하는 바는 "이러한 자료로부터 가장 중요한 깨달음은 제2언어 읽기 과제에서 성공에 상당히 기여하는 전략을 진행시키는 간단한 체계(set)는 없다."(p.468)는 것이다(p.468).

> 이는 전략적 읽기가 어떤 전략을 사용할지를 아는 문제 뿐만 아니라, 독자가 어떻게 성공적으로 전략을 사용해야 하고 어떻게 다른 전략들과 함께 배합하여 사용할지를 알아야만 한다는 것을 지적하는 듯 하다. 전략들에 대해 아는 것만으로는 불충분하다; 독자는 그것들을 전략적으로 적용할 수도 있어야 한다(Anderson, 1991, pp. 468-469).

태피스트리에 비교해서 다시 한 번 생각해보자. 다양한 실이 아름다운 태피스트리를 만들기 위해 사용되어진다. 단지 한 개 또는 두 개가 아니라, 많은 수의 실이다. 실이 함께 짜여지는 방법은 직조공에 따라 다양하겠지만 모두가 아름다운 결과를 만들어 낼 수 있다. 독자들은 직조공과 같다. 각각의 독자들은 특별한 방법으로 전략들을 함께 엮을 수 있다. 훌륭한 독자들은 단지 좁은 체계가 아니라 넓은 범위의 전략들을 사용한다.

구두보고

구두보고(verbal reports)는 교실 수업 교사들에게는 독자들이 읽기를 하는 동안 그들이 행하고 있는 것을 입증할 수 있도록 하는 하나의 도구이다. 하나의 구두보고는 언어 학습자가 주어진 과제를 완성하는 동안 그의 또는 그녀의 사고 과정을 언어화 시킬 때 나타나는 것이다 (Ericsson and Simon, 1984). 독자들은 같은 내용을 읽은 다른 독자의 구두보고에 귀 기울일 수 있고, 이는 종종 다른 독자들이 구문을 이해하기 위해 무엇을 행하였는가를 들을 수 있도록 보여준다. Cohen(1990)은 독자들이 어떤 전략을 사용하고 있는지를 입증함으로써 그들에게 열려있는 읽기 향상을 위한 일련의 전체 선택사항에 대해 좀더 지각하게 된다고 주장한다(p.73).

메타인지적 인지

제2언어 독자가 읽기를 하는 동안 이해과정을 적극적으로 점검할 때, 그들은 읽고 있는 것을 이해하는데 도움이 되는 전략들을 선택할 것이다. 읽기 과정에서 메타인지적 인지(Metacognitive awareness)는 아마도 제2언어 독자들이 읽기를 하는 동안 사용할 수 있는 가장 중요한 기술들 중의 하나일 것이다. 이는 그들이 자신이 사용하는 전략을 입증할 수 있음을 지적하는 것이다. 구두보고는 제2언어 독자들이 언어를 이해하기 위해 사용하는 정신적 진행과정에서 얻는 한 가지 방법으로써 많은 제2

언어 연구 설계에서 사용되어 왔다. 구두보고는 언어 학습 과정에서 역동적이고 상호작용적인 본성 안에서의 직관(insight)을 인정한다(Maclean and Anglejan, 1986, p.814). 학생들이 소리내어 생각하도록 하고 구두보고를 사용하도록 만드는 것이 메타인지적 활동의 이로운 점이다. Irwin(1991)은 다음과 같이 주장한다.

> 학생들이 크게 소리내어 생각하거나 다른 학생들이 크게 소리내어 생각하는 것을 들을 때, 교재 내용에 따른 선택에 있어서의 그들의 메타인지적 인지가 증가한다. 또한 그들이 얼마나 많은 생각이 교재내용을 이해하는데 들어가고 있는가를 인지하는데 도움이 될 수 있다(p.203).

〈For more information on teaching main idea comprehension, See Baumann 1984〉
이러한 이론적 입력에 근거하여 제 2언어 읽기 교사들은 Winograd and Hare(1988)가 제안한 다음 6가지 질문을 설명함으로써 읽기 전략의 지도에 접근할 수 있다. 6가지 전략 지도 질문은 특별한 읽기 기술에 응용되어진다. : 주제 이해

1. 전략이란 무엇인가? 주제를 파악할 수 있는 것은 네가 발달시킬 수 있는 가장 중요한 읽기 기술들 중의 하나이다. 네가 읽기 내용의 대부분에 응용할 필요가 있는 기술이다.
2. 전략은 왜 학습되어져야 하는가? 만약 주제가 명확해 질 수 있다면 제시된 정보를 구체화시킬 수 있는 것과 주제를 지지하는 아이디어(supporting ideas)와 구체적인 예(details)로 구분함으로 이해가 쉽게 된다.
3. 전략은 어떻게 사용되어질 수 있는가? 구문의 주제 진술문과 각각의 구문의 주제문을 알아내기 위해 읽어라. 빨리 읽고 구체적인 예에 대해서는 걱정하지 마라.
4. 전략은 언제 사용되어야 하는가? 주제 이해는 많은 새로운 정보

를 포함하는 설명적인 구문을 읽을 때 사용되어야 한다.

5. 독자는 어디를 보아야 하는가? 독자는 글의 처음과 끝 구문을 읽고 각각의 구문의 첫번째 문장을 읽어야 한다. 독자들은 그들 스스로에게 다음의 질문을 묻도록 상기시켜야 한다. : 내용 전반에서 가장 공통적인 생각은 무엇인가? 전체에 부분으로 관계하는 생각은 무엇인가? 모든 부분들이 지지하고 있는 의견은 무엇인가? 모든 것이 설명하거나 묘사하는 생각은 무엇인가?
6. 전략의 사용을 어떻게 평가할 수 있는가? 읽기 이해의 초기 단계에서 독자와 열린 토론은 전략이 적절하게 사용되어질 수 있는지를 입증하는 가장 좋은 방법이 될 수 있을 것이다. 언어적 사고를 크게 말하는 규약을 사용하는 것은 전략을 평가하는데 용이할 수 있다.

Teachers' Voices

나는 나의 읽기 수업에서 전략적 지도를 위한 도구로써 이러한 6가지 질문들을 사용해 왔다. 나는 나의 수업서류철에 6가지 질문들의 슬라이드를 가지고 있다. 나는 두 가지 방법으로 질문들을 사용한다. 첫 번째, 나는 수업시간에 교수하기 위해 내가 아는 전략들의 목록을 준비한다. 이러한 것은 내가 관리해 온 질문들과 또는 학생들이 학습하기를 원하는 전략들에 대한 그들 자신들로부터의 설명으로 대개 결정된다. 두 번째, 나는 교재내용이 명백한 전략 지도에 적합할 때 수업시간에 순간적인 충동으로 질문들을 사용한다. 나의 수업시간에 가장 훌륭한 전략 지도는 전략의 사용이 자연스럽게 학생들 자신들로부터 나타나고 나에 의해 계획되지 않을 때라는 것을 알았다. 지도에 있어 두 가지 형태, 계획된 지도 그리고 계획되지 않은 지도는 효과적인 교수를 이끌어 왔다.

Investigations

1 위에 언급한 6가지 질문의 오버헤드 슬라이드를 준비하자. 너의 수업시간에 논의할 필요가 있는 네가 아는 한 가지 전략을 선택하자. 자연스럽게 선택된 전략의 사용을 이끌어 낼 수 있는 읽기 구문을 선택하자. 그리고 나서 학생들에게 전략의 사용을 설명하도록 하자. 학생들에게 전략의 명백한 지도를 평가하도록 요구하자. 너의 반성적 독해일지(Reflective Reading Journal)에 네가 이 활동으로부터 배운 것을 적자. 너의 학생들은 무엇을 학습하였는가?

Teachers' Voices

Paul Hardin은 그의 학생들에게 읽기 전략을 지각시키기 위해 그가 사용하는 기술에 대한 식견(insight)을 제공한다.

전략적 학습은 어떤 노력이든 학생 성공에 중요한 것이다. 나는 전략에 의한 학습을 평생학습의 시초로 여긴다. 그래서 이해와 함께 전략적 지도는 나의 교과과정의 모든 영역에서 중추적 역할을 한다. 그것은 읽기 수업에서 뿐만 아니라 듣기/말하기 수업, 작문 수업에서 학습되는 기술이다. 듣기, 말하기, 읽기 그리고 쓰기가 각각의 수업 안에서 모두 통합되고 함께 엮어졌기 때문에, 학생들은 이러한 의사소통 방법에 강하게 노출되는 것이다. 나는 학생들에게 이것은 너의 학습경험에서 유일한 한 순간이다. 다음 번에는 우리가 함께 학습했던 바로 그 방법으로 네 자신 스스로 찾을 것이다. 너의 다음 인생 일부는 네가 우리가 행해온 것을 채택하고 그것을 새로운 학습 상황에 적용하도록 도전할 것이다. 나는 네가 영어에서 성공적인 학습자가 되기 위해 알 필요가 있는 모든 것을 너에게 교수할 수는 없다. 그러나 나는 다른 상황에 사용할 전략들을 줄 수는 있다. 그래서 네가 네 스스로 학습할 수 있고 평생 학습을 계속할 수 있다는 것을 강조한다. 이러한 생각은 학생들과의 계속적인 모든 상호작용에서 세워진다. 수업시간에 다른 어른들과 동료 교사들은 학생들에게 답을 제공하는 것이 아니라 학생들의 질문에 답하기 위한 전략을 제공하는 것으로 생각을 지지한다.

내가 학기 초에 행해졌던 나의 학생들의 읽기 설문으로부터 배운 한 가지는 많은 제2언어 학습자들이 영어로 쓰여진 교재에 부딪히게 되었을 때 나타나는 한 가지 특성을 설명한다. 그들은 그것을 상향식(bottom-up) 견지(persepective)로부터 접근한다. 그들은 이해하기 위해 각각의 어휘를 발음할 수 있어야 하고 이해해야만 한다고 생각한다. 그래서 그들은 이중언어 사전에서 정의를 찾는데 그리고 오직 영어로는 어떤 의미도 없는 문자적 해석이나 사전으로 잘못 이해되어지는 어휘들에 의해 좌절하게 되며 교재를 해석하는데 시간을 보낸다. 학생들에게 좀더 효과적으로 읽는데 도움이 되는 전략들과 읽기 이해에 좀더 하향식(top-down)접근법을 이용하는 전략들을 소개했을 때, 나는 학생들에게서 불안감을 감지한다. 그들은 보호 담요를 잃어버렸다. 그들은 교재의 읽기와 이해에 대해 불확실해 한다. 그들은 이러한 새 전략을 행할 때 추측이 아니라 진정한 의미를 주었던 이중언어 사전에 대한 확신을 잃었다. 내가 수업시간에 얼마나 많이 학생들을 숙달시키거나 모델화 시키든지 간에, 일단 그들 스스로의 입장이 되면, 그들은 훈련바퀴를 잃고 좀더 친근하고 편한 습관으로 되돌아 간다. 그들은 모든 단어와 문장을 해석할 때 그들이 생각하는 확신과 옳음의 감각을 잃는다.

전략들을 사용할 때 그들에게 이러한 두려움을 없애고 자신감을 주기 위해 나는 그들에게 집단 또는 개별 읽기 시간 동안 즉각적인 확신을 준다. 학생들이 읽기 숙제에서 어려움을 겪을 때 나는 학생들에게 크게 말하며 생각하도록 시킬 것이고 그/그녀가 알지 못하는 어려움에 부딪혔을 때 교실 수업에서 사용되어진 전략들 중 한가지를 사용하여 그/그녀의 사고 과정에 관계되게끔 할 것이다. 예를 들자면, 학생은 알지 못하는 어휘에서 멈춘다. 그/그녀는 그 단어가 문장에서의 역할과 단어를 정의하는데 도움이 될

지 모르는 문맥상의 어떤 단서든지 간에, 단어에 관련된 부분들을 알기 위해 단어를 조사한다. 일단 학생이 분석을 마치고 대답을 하게 되면 나는 즉시 학생에게 그 분석의 옳음과 단어의 의미를 확실시 해 줄 것이다. 만약 학생의 분석이 옳지 않다면 나는 그 학생과 그 과정을 살펴볼 것이다. 이러한 것이 전략적 학습에서 학생들의 자신감을 증가시키기 위해 모든 수업에서 행해져야 한다. 나는 학생들이 옛 방식을 수정하고 새 방식을 채택하는 계속적인 강화가 필요하다는 것을 알았다. 이러한 도움은 초기에는 빈번하겠지만 학생들이 그들의 읽기에 좀더 확신을 가지게 되면 점점 줄어들게 될 것이다. 나는 확신을 제공하는 모든 상황을 그들과 함께 할 수는 없다. 그들은 그들의 문제 해결 능력을 믿고 그로부터 확신을 발달시킬 필요가 있다.

이러한 자신감 향상 활동은 전체 수업 활동, 소규모 집단 활동, 짝 활동, 개인 활동과 숙제에서 행해져 왔다. 나는 이해에 대한 자신감 향상에 있어서 우리가 연습해 왔던 전략들을 사용하여 한 구문을 읽는 것을 설명할 것이다. 나는 구문의 주제나 선택 내용이 무엇인지를 예견하고 제목을 읽을 때 크게 소리 내어 생각할 것이다. 나는 어휘를 조사할 것이고, 알지 못하는 단어의 의미를 이해하고 어떻게 그것들이 주제와 관련이 있는지를 이해하기 위해 전략들을 사용할 것이다. 나는 이 주제에 대해 내가 이미 알고 있는지를 알아보기 위해 배경지식을 사용할 것이다. 나는 나의 예상이 정확한지 아니면 적어도 근접한가에 대한 확신과 단서를 얻기 위해 계속해서 그림들과 그래픽을 살펴볼 것이다. 이러한 과정은 집단과 짝 단계에서 계속될 것이고 학생들은 이 형식을 따르며 주제에 대해 일종의 일치에 도달하게 될 것이다. 그리고 나면 정말로 참된 결과를 증명해 보일 때이다. 개별 활동에서 말이다. 새로운 읽기가 각각의 책상에 놓여지게 된다. 학생들은 그들이 집단 활동에서 행했던 형식을 따를 것을 상기시킨다. 나는 학생들이 서로를 쳐다보며 걱정스러워 한다는 것을 알 수 있다. 그때 그들의 눈은 모든 부분을 살피고 있지만, 어느 곳에도 중심을 두지 않은 채로 전체 페이지를 살펴본다. 나는 한숨이 나오며 다시 과정을 통해 그것들을 살펴보는 것을 포기한다. 우리는 제목에서 시작하고, 학생들은 분석을 끝내며, 일단 다시 우리가 통과하고 그리고 그들이 등식을 풀 때까지 우리는 다음 단계로 옮겨간다. 그들이 주저하는 부분이 해결 단계이다. 그들은 아직 되돌아가서 그 해결이 정확한지를 확인하는 활동을 점검할 수 있는 메커니즘이 없다. 그들은 다시 한 번 그들의 활동에 대해 불만족과 불확신을 하게 된다. 이해를 하는데 편한 단계로 향상하기 위해서 후퇴 향상 과정(backward build-up procedure)을 사용한다. 이 과정은 읽기를 통한 후퇴분석으로부터 학생들이 그들이 예견해 온 것을 입증하는 실제 교재내용을 알아내도록 해주는 것이다. 이는 학생들에게 그들의 활동을 점검하는 도구를 제공하는 것이다. 그들이 수학을 할 때처럼 말이다. 나는 학생들이 그들의 요약과 예견을 할 때 그리고 주제와 중요 부분을 결정하는 정보를 얻었던 교재내용 위치를 참고할 때 크게 소리내어 생각하도록 시킨다. 이는 모든 수업시간에 행해지고 그래서 모든 학생들은 관계되는 과정을 경험할 수 있다. 학생이 이러한 전략들을 경험해 봄에 따라 나는 그/그녀의 결론을 확실시 할 것이고 학생에게 그/그녀가 올바른 해답에 도달했던 즉각적인 확신을 제공할 것이다. 만약 학생이 올바르지 않은 길 아래로 가고 있다면, 그때는 수업으로써 각각의 단계를 다시 한 번 밟게 하고 잘못된 부분을 명확하게 할 것이다. 이러한 과정은 그 절차가 다시 반복되어지는 소규모 집단 단계와 짝 활동 단계에서 행해질 것이다. 학생들은 읽고 분석하고 요약을 쓰고, 주제, 지지문, 주요개념을 결정하고, 그리고 나서 그들의 파트너와 이렇게 찾아낸 것들을 공유할 것이다. 이러한 것이 끝나게 되면 학생은 요약이 된 교재내용 위치를 명확하게 함으로써 그/그녀의 결론을 정당화 할 것이다. 이는 학생에게 이러한 새로운 기술들이 올바른 해결을 이끌어 낸다는 즉각적인 확신을 제공하는 것이다.

교실 수업 활동에서 다른 정규 교육 수업에서의 연습 뿐만 아니라 숙제에 대해서도 논의될 필요가 있다. 광범위한 연습을 조장하기 위해 나는 나의 학생들에게 다른 수업에서의 읽을 거리를 계속해서 읽도록 요구한다. 그들이 생물학 숙제를 읽을 때(처음에는 적은 부분의 숙제내용만) 나는 그들에게 생각하고 있는 질문을 쓰게 하고, 앞부분과 뒷부분을 살펴보게 하여 현재 읽고 있는 부분이 앞선 학습내용과 어떤 연관성이 있고 앞으로의 학습내용을 어떻게 이끌어 갈지를 알게 한다. 나는 그들이 읽은 부분에서 사용한 전략과 왜 그런 전략들을 사용했는지를 열거하게 한다. 그리고나서 나는 학생들에게 읽은 부분의 요약을 쓰도록 시킬 것이다. 수업시간에 학생들은 전체와 그들의 부분을 공유할 것이다

그것은 크게 생각하는 주제에 관한 변화다. 학생들은 전략을 통하여 수업 학생들에게 그 장의 내용과 키포인트를 설명할 것이다. 대부분의 학생들이 같은 과학 수업을 하기에 어려워하는 학생들로 하여금 그 주제에 대한 토론을 듣고 더 잘 이해하는데 도움이 되는 질문을 하게 된다. 그들은 내용을 관철하고 정리하는데 관련된 단계를 그들의 학우로부터 듣게 된다. 실제 문장을 사용하지 않으면 난 학생들에게 읽을거리를 주거나 설명이나 이야기를 선택하게 하고 독서한 것에 대한 진행기록을 하도록 할 것이다. 이것이 다음과 같이 적혀있는 정보에 관한 차트이다.

독서 제목	읽은 페이지 수	사용된 전략	근거

이번 주에는 어떤 점에서 학생들과 나는 이 숙제에 관하여 토론을 하고 전략을 선택할 것이다. 그리고 학생들은 그 전략에 대해 기록된 페이지를 언급할 것이고 크게 생각하는 과정을 통하여 어떤 전략이 어떻게 사용되어 이해하는데 도움이 되었는지 보여줄 것이다. 또한 학생들은 그 전략을 통하여 어떤 정보와 주요 포인트가 제공되었는지 나타낼 것이다. 이것은 학생들로 하여금 그 전략을 체크해보고 이런 도구를 사용함으로써 독자들에게 얼마나 강조되었는지 이해하는 데에 또 다른 기회를 제공한다. 학생들에게 전략학습의 목적을 가르쳐주는 것이 목적이다. 학생들이 이 가치와 유용성을 알 때까지 교사를 만족시키고 과정의 요구사항을 준수하는 또 다른 연습을 할 것이다. 그들은 이 독서 방법을 사용하기 위한 내재된 동기를 개발하여야 하며 그것은 수업의 마지막에

모아져야 한다.

전략은 끊임없이 모든 내용에서 재순환되고 사용된다. 이것은 평생 학습에서 중요한 역할을 하는 전략적인 독서를 말하는 나의 처음의 비평을 강화한다. 학생들은 제2언어를 읽고 이해하는데 더 편하게 되며 더 중요하게 다른 수업에 있어서도 전략 학습과 문맥 이해간의 관계를 알게 된다. 학생들은 그 목적을 이해하고 영어를 모국어처럼 접근하는데 확신한다.

Frameworks

전략 훈련

Grabe(1991)는 "효과적인 전략 훈련은 단순하거나 쉬운 일이 아니다." (p.393)라고 경고한다. 전략훈련 결과에 영향을 미치는 훈련의 기간, 훈련절차의 명확성, 학생의 책임, 전략전이를 지적한다. 이런 도전에도 불구하고, ESL전략 훈련에 추가적인 작업이 계속될 필요가 있다.

Winograd & Hare(1988)에 의해 규정된 여섯 가지 질문들-전략이 무엇인가? 전략이 왜 사용되어야 하는가? 어떻게 전략이 사용될 수 있는가? 전략은 언제 사용되어야 하는가? 독해자는 어디를 보아야 하는가? 전략의 사용이 어떻게 평가될 수 있는가?-에 더하여, 제2언어 학급에 있어 구어로 보고된 것의 적용은 모든 언어에 있어 초인지적 전략을 가르치는 기회를 제공한다. 다음의 열 가지 단계는 읽기 학급에 이 연구를 적용시키는 것에 적용될 수 있다(Anderson & Vandergrift, p.9).

1. 학급에게 생각하면서 크게 읽어 줄 수 문단을 선택한다. 읽는 동안 스스로 어떤 내용이 전개되고 있는지 나타낼 수 있도록, 읽은 적이 없는 문단을 선택한다.

2. 학생들이 잘 따르는 동안 큰 소리로 읽는다. 훌륭한 독해자들을 위해, 당신이 읽는 동안 정확하게 알도록 하기 위하여 당신의 이해 절차를 천천히 말해 줄 필요가 있다.
3. 당신의 모델에 결과적으로, 읽어주는 동안 그들에게 일어난 학생들의 사고를 덧붙이도록 고무시킨다.
4. 학생들이 구어로 보고서를 만드는 과정에서 학생들에게 추가적인 모델들을 만들도록 한다.
5. 그러면 학생들은 2 혹은 3명으로 그룹해서 그들의 생각을 크게 실행하도록 한다. 다른 일원이 조용하면, 그 그룹에 한 명이 크게 읽을 수도 있다. 학생들은 읽는 동안 사용한 전략과 사고들을 말할 수 있도록 고무시킨다.
6. 이 활동을 하는 동안 듣기를 행하는 학생에게는 이미 형성해 놓은 것에 자신의 생각을 덧붙이도록 고무시킨다.
7. 이 활동이 "읽기원탁회의(reading round robin)"형식으로 행하여 질 수 있다(Irwin, 1991). 학급에 읽을 문단이 주어지면 학생들은 한번에 한 문장씩 읽고 생각한 것을 말로 할 수 있다. 이 활동은 독해자들이 읽은 글의 매 문장 나타낸다면 매우 효과적이다.
8. "hot seat"활동이 적용될 수도 있다. 한 학생이 학급에 다른 학생들 가운데 짧은 문단을 읽도록 할 수 있다.
9. 큰 소리로 생각한 것을 말하기(think-aloud) 활동이 읽는 기간동안 적용될 수 있다. 읽기 활동 학습동안 그들이 생각한 것을 구현화하도록 할 수 있다. 구두보고 활동이 어떤 시점에서 멈추고 그들의 생각을 상대방에게 말하게 함으로써 실행될 수 있다.
10. 마지막으로, 학생들은 학급밖에서 이 활동을 실행할 수 있도록 고무되어질 수 있다. Davey(1983)은 학생들로 하여금 조용히 읽게 하고, 읽는 동안 그들이 이행한 모든 전략들을 보고하기 위해 체크리스트를 완성하게 한다. 이것은 숙제로 할당되어 쉽게 행하여 질 수 있다.

읽기 수업에서 이 기술을 사용함으로써, 학생들은 무엇을 하고 있는 것인지 알 수 있고, 읽는 도중에 어려움이 생겼을 때 다른 독해자들은 어떻게 하는지를 알 수 있도록 배울 수 있다. 학생들이 구어로 발표를 할 때 많은 예들은 좋은 독해자에 대해 훌륭한 점들을 제공한다.

학급에서 말로 발표하기를 행할 때, 학생들에게 "aim for transfer(전달 목표)"되는데 집중될 수 있다(Davey, 1983). 이것의 목표는 학생들로 하여금 모든 읽기 활동에 이것을 사용하도록 하는 것이다. 이 실행은 읽는 방법을 논할 뿐만 아니라 어떤 전략을 왜, 언제 사용하는지 제공한다.

O'Malley & Valdez Pierce(1996, pp.120-121)는 교사는 생각한 것을 체크리스트를 준비하여, 그들이 전략을 서로 공유하면서 사용한 독해자 전략을 기록하도록 한다. 당신은 이 체크리스트를 조정하도록 고려해도 된다.

Teachers' Voices

나는 독해 학급에서 독해자들의 읽기 전략을 더 잘 알기 위해서 위의 기술들을 사용했었다. 처음으로 학급을 위하여 실제 예들을 제공하기로 결정했다. 나는 Andrew Cohen(1990)의 『*Language Learning*』의 읽기 부분을 준비했다. 이 책에서 Cohen은 학생들에게 읽기 전략을 측정하는 가치에 대해 논한다. 읽기 전략을 고려하는 것은 쉬운 일이 아니며, 초인지적 능력 개발을 요구한다고 지적했다. 그는 Chernobyl 즉, Grim Statistics of Cancer이라 명명된 문장을 읽는 동안 독해자들이 읽기 전략을 측정해야 한다고 주장했다. 얼마나 완벽한 기회인가! 나는 읽기를 멈추고, 시진을 찍어서 생생한 실제적인 표현을 학급에서 했다.

아래에 두 개의 열이 있다. 왼쪽은 Chernobyl 즉, Grim Statistics of Cancer이고, 오른쪽은 나의 읽기 전략에 대해 학급에서 말한 것이다. 이것은 나의 읽기 전략의 생생하고, 자발적인 읽기와 말로 표현하기이다.

문단	읽기 전략의 표현
Chernobyl: The Grim Statistics of Cancer	(1) 체르노비. 나는 이것을 핵 재앙으로 기억한다. 이것을 따르어야 한다고 생각하지 않는다. 이것은 흥미로워야 한다. 혹독한 통계. 나는 얼마나 많은 사람들이 암으로 죽었는지 알 것이다.
Two American physicists have drawn a rough but grim outline of the spread of cancer that could result from the fallout from Chernoby!	(2) 여기서 "Could"는 중요한 단어이다. 이 무자비한 통계가 객관화가 될 수도 있다.
They expect tens or even hundreds of thousands of tumours, and possibly several thousand deaths from cancer during the next 30 years. Experts in the US government's nuclear agencies accept the findings.	(3) 기대, 우리가 여기서 확신 할 수 없는 다른 확약
The estimates have been made by Frank von Hippel of Princeton University and Thomas Cochran of the Natural Resources Defense Council, an environmental group. They calculate the following consequences from all routes of exposure:	(4) 정부측이 이런 발견을 수용할 수 있기 때문이고, 이것은 내가 해야하는 의미인가?
• 2000 to 40000 cases of thyroid tumours from inhalation of iodine-131. Only a few percent of these tumours will be fatal.	(5) 처음 읽을 때 갑상선을 장티푸스로 잘못 읽었고, 고쳤다.

문단	읽기 전략의 표현
• 10,000 to 25,000 cases of potential thyroid tumours from iodine absorbed from contaminated milk.	(6) 왜 숫자에서 천 단위를 구분하는 콤마를 사용하지 않는지 궁금하다. 이 글은 영국인이 쓴 것 같다. (7) "tumours"의 스펠링을 알았다. 이것을 "tumors"라 쓴다. 이 글은 영국인이 썼다. (8) 오염된 우유로부터 흡입. 나는 알았다. 우유가 오염되게 한 풀을 소가 먹었음에 틀림없다.
• 3,500 to 70,000 cases of cancer from all sources of caesium-137. About half might be fatal.	(9) 칼슘-137이 무엇인가?
von Hippel and Cochran will describe their research in the September issue of the Bulletin of Atomic Scientists. "There is a lot of uncertainty in the figures," von Hippel stresses.	(10) "Uncertainty(불확실성)" 비록 전문가일지라도 숫자들은 이 사실에 매우 확실하지 않는다.
The calculations start from an estimate of contamination of language and the level and of contamination of the air. The pattern of fallout is derived from models made by Helen ApSimon and Julian Wilson of lmperial College, London (New Scientist 17 July, p. 42) and the Lawrence Livermore National Laboratory in California. When combined with data on population densities and standard coefficients for the amount of radioactivity absorbed by human bodies, a "population dose" can be established. For direct inhalation of iodine-131 via crops and food, it is 50-900 million person-rads; and for caesium-137, it is 5-84 million person-rads.	(11) 이 출판의 날짜가 주어지지 않음. 언제 일어났는지 정확히 알 수 없다. (12) 요오드-131이 무엇인가? (13) 칼슘-137은? 무엇인지 여전히 모름.

문단	읽기 전략의 표현
Finally, these dose calculations are multiplied by a "dose-consequence" coefficient, which translates a given dose into a figure for the likely increased incidence of death or tumours.	
ApSimon and Wilson calculated that the accident at Chernobyl released 15 to 20 megacuries of iodine-131 and 1 to 2 megacuries of caesium-137. These amounts correspond to 20-25 per cent of the reactor's inventory of these two radionuclides when the accident occurred.	(14) 메가퀴리. 메가퀴리가 무엇인가? 메가란 큰 것을 의미한다. 퀴리가 퀴리부인과 연관이 있는지 궁금하다.
Scientists are still tabulating how much radioactivity fell where. The maps drawn by ApSimon and Wilson, unlike those made in the US, take into account weather patterns and rainfall over central and western Europe. Rainfall brings radioactivity down to Earth, increasing contamination.	(15) 강수는 우유에 오염을 가져오는 풀오염에 기여한다.
The measured concentration of caesium-137 in stockholm averaged about 1 becquerel on 28 April. There were hot spots, however, such as at Simpedvarp, on the Swedish coast about 200 kilometers south of Stockholm, where values of 190 becquerels were reported. For the 200 million people in Eastern and	(16) 베크렐. 난 잘 알지 못하는 것을 읽고 있다. 요오드-131, 칼슘-137, 메가퀴리, 베크렐. 나에게는 새로운 용어들이다. 나는 교사이고, 학급 앞에서 바보처럼 보이는 것을 원하지 않기에 걱정스럽다. 자, 단지 아무것도 모르는 여러분들에게 보여주기 위해 계속한다.

문단	읽기 전략의 표현
central Europe who were most exposed To Chernobyl's would be about the same as that received by the generation of humans exposed to the peak of global fallout from atmospheric nuclear tests during the early 1960s.	
If, before the accident, the lifetime risk of cancer in an area was 20 percent, it would now increase to perhaps 20.005 percent. The high numbers of tumours and cancers are not a result of heavy doses of radiation, but of the sheer numbers of people exposed to a low dose.	(17) 이 확실성은 나에게 의미 있는 증가같이 보이지 않는다. 과학자들은 그들의 측정에 굉장히 정확하다. (18) 이것이 결론이므로 글의 끝으로 되어간다. 그들이 말하려는 것을 보자.
The moral, perhaps, is that in the aftermath of the accident, governments (who should be concerned about the risk of deaths among entire populations) should have panicked more, while individuals need not have panickd as much as they did. (Cohen, A. D. [1990]. Language Learning, pp. 98-99. Boston: Heinle & Heinle Publishers.)	(19) 대중을 부분에서 빼는 것은 유죄이다. (20) 이 글을 이해하기 위해 과학적인 용어의 의미를 알아야만 하지는 않았다. 통계가 나에게 그렇게 냉혹하게 보인지는 않는다. 나는 지금으로부터 여러 해 안에 이 글이 제안한 것을 확신하거나 반박할 통계들을 뒤따름이 있는지 지켜보아야 할 것이다.

Investigations

2 위의 글(왼쪽열의 글)을 다시 읽어라. 읽는 동안 사용한 전략들을 기록해라. 위에 보고된 전략과 어떻게 동일하거나 다른가?

3 위에서 연산된 생각하면서 중얼거린 기록들을 살펴보아라. 당신은 어떤 전략들을 사용하였는가? 숫자로 기록하면서 리스트를 만든 후 아래에 리스트와 비교해라.

Frameworks

읽기 전략 체크리스트

읽는 동안 독해자들이 모두 같은 전략들을 사용하지 않음을 명심해라. 내가 발견한 것은 흥미로운 학습 도구같이 구두의 보고서를 사용하는 것이다. 내 학급의 독해자들은 급우의 구두 보고서를 읽을 수 있고, 같은 문장을 읽고 이해하는데 많은 다른 방법이 있다는 것을 즉시 안다. 우리가 읽기 구조에 가져오게 되는 기초 지식은 개인절차와 같은 전략을 만든다. 내가 생각하기에 독해자가 이 점을 배우는 것이 중요하다.

내가 행한 연구에 기초하여(Anderson, 1991) 나는 다음과 같은 읽기 전략 체크리스트를 개발하였다. 이 리스트는 철저하지는 않지만, 당신이 가르치는데 고려해야 할 일반적인 읽기 전략을 포함한다. 학급의 학생들과 이 리스트를 공유하여, 읽는 동안 사용될 수 있는 가능한 예들을 열거하였다. 이 리스트는 학생들에게 익숙하지 않은 특별한 전략에 대해 논하고자 하는 욕망이 있다. 나는 3가지 다른 그룹-인지 독해 전략, 초인지 독해 전략, 보상 읽기 전략으로 24가지 전략리스트를 만들었다.

인지 독해 전략

1. 다음 문장이나 문맥 부분의 내용을 예언한다.
2. 익숙하지 않은 구조를 이해하도록 도와주는 문법에 관해 집중하기.
3. 전체 글을 이해하도록 주요 생각을 이해하기.
4. 여러분의 읽기를 증가하도록 어휘나 문법을 확장하기.
5. 당신이 영어에 이미 아는 것을 사용하여 익숙하지 않은 단어나 구들의 의미를 추측하기.
6. 읽기를 향상하도록 주제, 문체, 접속사를 분석하기.
7. 당신이 읽을 때, 선택들과 사실들을 구별하기.
8. 어려운 구문들을 이해하도록 큰 문장을 작은 부분으로 나누기.
9. 모국어로 아는 것을 영어의 단어로 연결하기.
10. 단어와 의미간의 관계를 이해하도록 지도를 만들거나 관련된 의미를 그리기.
11. 주요 생각을 이해하도록 당신이 읽은 것을 짧게 요약하여 쓰기.

초인지 읽기 전략

12. 당신에게 중요한 생각들을 향상시키도록 목표를 고정하기.
13. 새로운 읽기를 준비하도록 관련된 어휘 목록을 만들기.
14. 당신의 독해 기술을 발전시키도록 급우들과 공부하기.
15. 지속적으로 향상되도록 당신이 알고 있는 것을 연습할 기회를 갖기.
16. 당신이 이미 배운 것과 앞으로 얼마나 잘 읽기에 집중할 수 있을지 평가하기.

보충 읽기 전략

17. 읽기 이해력을 향상시키기 위하여 이미 당신이 알고 있는 것에 의지하기.
18. 중요한 세부사항을 상기하도록 메모하기.

19. 독해 기술을 훨씬 향상하도록 읽기로부터 당신이 이해한 것을 기억하도록 노력하기.
20. 읽을거리의 목적과 어조를 다시 한 번 고찰하여 훨씬 효과적으로 이해하기.
21. 당신이 읽은 것을 기억하고 이해하도록 마음에 장면을 그려보기.
22. 당신이 기억할 수 있도록 주요한 생각과 세부사항을 재검토하기.
23. 당신이 읽은 정보를 기억하도록 신체적 행동을 사용하기.
24. 더 확실하게 기억하도록 이야기를 의미 그룹으로 분류하기.

Investigations

4 15분 독서를 하는 동안 당신의 읽기전략을 모니터 하여라. 매 5분마다 멈추어 당신이 읽는 동안 사용한 전력을 확인하여라. 종이에 전략을 기록하여라.

5 Strategy Inventory for Language Learning(언어학습의 전략목록) (Oxford, 1990, version for English speakers learning a new language, pp.283-291; ESL version, pp.293-300)을 가져라. 자기 스스로의 목록이 당신에게 얼마나 당신의 읽기 전략을 알게 하는데 도움이 되는가? 당신의 반성적 독해일지(Reflective Reading Journal)에 당신의 반응을 기록하여라.

6 당신이 현재 가르치고 있다면 일기를 위한 과정의 목표가 무엇인가? 당신은 어떻게 학급에서 읽기 전략 교수를 접근하고 있는가? 당신이 이것을 경험하면서 무엇이 성공이었거나 실패였는가?

7 읽기 학급을 관찰하여라. 그 과정의 전체적인 읽기 목표는 무엇인가? 교사가 독해 자들에게 읽기 전략을 알도록 노력하였는가? 전략에 대한 명백한 훈련이 어디에서 독해 자들에게 유익했었는지 수업동안 기회가 있었는가?

8 제2언어 학습자들에게 그들의 읽기 전략에 관해 말하라. 그들은 읽는 동안 무엇이 일어나는지 아는가? 그들에게 모국어의 읽기 전략에 관하여 물어보아라. 그들은 모국어에서 읽기로부터 제2언어에서 읽기로 전략을 변환하는가? 당신의 반성적 독해일지(Reflective Reading Journal)에 당신이 배운 것을 기록하여라.

9 당신과 학생들이 읽기 전략을 구두로 나타낼 때, 당신은 우리가 고찰하고 있는 ACTIVE 구성을 얼마나 통합하는 지 알고 있는가? 배경지식의 촉진, 어휘의 재배, 이해 기술, 읽기 속도, 앞에서 다루었던 논쟁거리 가운데 어떤 것이 말하는 프로토콜에 그들 자신을 나타내는가?

Frameworks

두뇌기반 교수법

두뇌 기반 교수법 연구에 대한 자세한 내용은 Caine & Caine(1997) 및 Christison(1997)을 참조하시오.

언어 학습의 또 다른 측면을 보여주는 비교적 새로운 연구 분야가 두뇌 기반 교수법(brain-based teaching)이다. 이 연구에서는 초인지 전략(metacognitive strategy)이 중요한 역할을 하고 있다. Caine & Caine (1997)은 다음과 같이 말한 바 있다.

> 일반적으로 초인지(metacognition)라고 불리는 스스로의 학습 과정에 대한 사고, 그리고 소위 적극적인 학습 과정의 일부에 대한 사고가 상위 단계 학습의 핵심이다. 왜냐하면 사고는 사람들이 경험으로부터 의미를 추출해내는 방법이기 때문이다. 우리는 이 초인지 능력이 스스로 더욱 개발될 수 있다고 본다. (p.21)

Perkins(1995)는 초인지 전략을 가리켜 “반성적 사고(Reflective

Intelligence)"이라고 불렀다. 그는 초인지 전략은 개발될 수 있으며 그의 판단에 따른다면 일종의 지능이라고 할 수 있다고 강조했다. 그는 다음과 같이 말한 바 있다.

> [반성적 사고는] 의사 결정, 문제 해결, 이해가 수반된 학습 및 기타 중요한 사고 형태를 이해하는 것과 관련이 있다. 이 과정에서 전략, 습관, 신념, 가치 등 매우 다양한 것들을 배우게 되는데, 이 모두가 주변 상황을 이해하는 학습의 일부이다. (p.236)

초인지 전략 개발은 제2외국어 읽기 능력 개발에 가장 큰 영향을 줄 수 있다.

Investigations

10 위와 같은 Caine & Caine 및 Perkins의 입장에 대해 어떻게 생각하는가? 초인지 전략은 학습될 수 있는가? Perkins가 시사한 바와 같이 초인지 전략이 지능이라고 생각하는가? 반성적 사고 일지(Reflective Teaching Journal)에 의견을 기술하라.

11 이 장에서 논의된 모든 전략 가운데, 어떤 전략이 당신이 담당하고 있는 제2외국어 학습자의 교육에 있어 가장 중요하겠는가? 다른 동료 교사들과 함께 논의해 보시오.

12 현재 제2외국어를 가르치고 있는 교사를 방문해 본다. 제2외국어 읽기 학습자들이 개발해야 할 가장 중요한 전략이 무엇이라고 생각하는지 물어 보시오. 그리고 반성적 읽기 일지(Reflective Reading Journal)에 대한 의견을 기술하라.

맺음말

ACTIVE 교육 체제(ACTIVE Framework)의 각 요소와 마찬가지로 전략의 사용은 자료 읽기 및 이해에 대한 각 개인 학생들의 동기와 긴밀히 연관되어 있다. 교수 전략 7 : 동기 부여에서 이를 자세히 논의해 보기로 한다. 읽기에서 동기 부여가 어떤 역할을 하는 지 생각해 보도록 한다.

11세에 나는 오케스트라에서 콘트라베이스의 소리가 다른 악기들의 소리와 조화되어야 한다는 것을 배웠다. 그와 마찬가지로 읽기 전략은 따로 가르치거나 배워지는 것이 아니다. 제2외국어 학습자들은 읽기와 학습이라는 목표 하에서 여러 전략들이 조화된다는 것을 잊지 말아야 한다. 또한 오케스트라에서 다양한 악기를 사용하는 것이 음악을 더욱 풍부하게 하는 것과 같이 효과적인 읽기를 위해서는 다양한 전략이 필요하다. 학습자들은 이와 같은 다양성에 노출되고 알지 못하는 것들은 명확히 학습해야 한다. 전략 사용의 효율성을 평가하는 방법을 학습하는 것은 개발해야 할 중요한 능력이다.

추천도서

읽기 전략 교수법에 관한 깊은 이해를 얻고자 하는 사람들에게는 두 권의 책과 두 개의 논문이 흥미로울 것이다. 우선, Carrel, Pharis 및 Liberto(1989)는 초인지 읽기 전략 교수법을 위한 연구를 발표했다. 이 연구는 학습자들이 책을 읽을 때 스스로의 행동을 인식하도록 하고, 그러한 학생들을 어떻게 가르쳐야 하는지 제2외국어 교사들에게 새로운 이해를 제공해 주기 위해 반복되어야 한다.

Carrel, Gajdusek 및 Wise가 저술한 1989년 논문 (“ESL 읽기 학습을 위한 초인지 전략 교육”)은 초인지의 역할 및 제2외국어 읽기에 대한 현재의 견해를 제공해 준다. 이 논문은 초인지의 역할을 더욱 잘 이해하길 원하는 교사들에게 귀중한 정보를 제공해 줄 것이다.

전략 교육에 대해 진정으로 배우기를 원한다면 Rebecca Oxford의 책 『언어 학습 전략 : 모든 교사가 알아야 하는 것(1989)』을 참고해 볼 필요가 있다. 이 책은 Oxford가 '언어학습을 위한 전략 목록'에서 사용한 언어 학습 전략의 6가지 영역을 설명하고 있다. 이 책은 6가지 영역에 대한 내용을 각각 한 장씩 구성하고 있으며 제2외국어 학습자들에게 적절하게 적용될 수 있는 사례들이 풍부하게 제시되어 있다. 이 책의 부제는 이 책을 완벽하게 설명해준다. 즉 모든 교사들이 알아야 하는 것들이다.

마지막으로, 두뇌와 학습 방법에 대한 점점 더 많은 연구들이 이루어지고 있다. Renate 및 Geoffrey Caine(1997)은 두뇌 기반 교수법의 잠재성에 대한 연구를 강조했다. 이 책 『지각 변화(Perceptual Change)의 힘을 밝힌다 : 두뇌 기반 교수법의 잠재력』은 Caine 부부의 다른 저술서와 함께 교육을 향상시킬 수 있는 교수법과 학습 전략에 대한 이해를 한층 높여준다.

제 7 장
전략 6 : 학습 과정 평가

Teachers' Voices

70년대 초 유행했던 Joni Mitchell의 "이제 양쪽에서 보네(Both Sides Now)"라는 포크송이 아직 기억난다. 코러스 부분이 "이제 나는 위로 아래로 양쪽에서 구름을 보네. 여전히 내가 기억하는 것은 구름의 환영이라네. 구름에 대해서는 아무 것도 아는 것이 없네."였다.

지난 몇 년간 나는 실로 많은 여행을 했다. 유럽을 거쳐서 남아프리카, 그리고 모로코, 코스타리카, 온두라스, 파나마를 여행하고 미국 내의 여러 지역을 여행했다. 당시 나는 구름에 매료되었었다. 워싱턴의 시애틀로 가던 중에 있었던 일이 생각난다. 공항에 앉아 있었는데, 날씨가 어둡고 음울하기까지 했다. 폭풍우 구름 때문에 비행기가 연착되고 있었다. 이륙하고 그 폭풍우 구름 위로 올라가자 하늘은 파랗고 태양이 빛나고 있었다! 구름의 다른 한 편에서 보여지는 전혀 다른 광경에 나는 놀랄 수 밖에 없었다.

양 쪽에서 구름을 바라보았을 때, 이들의 모습이 얼마나 다를 수 있는지, 그리고 비행기와 지상에서 보았을 때 겉 모습의 환경이 얼마나 큰 영향을 줄 수 있는지를 느끼고 감탄했다.

나는 록키 산맥 서쪽을 따라 펼쳐져 있는 서부 지역에서 자라났다.

산은 구름에게는 장벽과도 같다. 구름은 몰려오다가, 한동안 머무르곤 했다. 하지만, 내가 한 때 살았던 오하이오에선 영 딴판이었다. 바람은 하늘에서 엄청난 양의 구름을 몰고 올 수 있었다. 아무것도 구름의 속도를 늦출 수는 없었다.

비행기에서 나는 굽이치는 구름의 하층부를 보았다. "이 하층부를 통과해서" 하늘을 나는 것은 언제나 내게는 이상한 일이었고, 이 하층부는 갑자기 천장이 되기도 한다. 한 쪽에서는 태양이 밝게 빛나고 다른 한 쪽에서는 어두울 수도 있다.

구름에서 내려오면 방향 감각을 잃기도 한다. 지표면을 확인하고 식별할 수 있는 물체들을 보기도 했다가 다시 구름 속에 싸여서 아무 것도 볼 수 없게 되기도 한다.

얼마전 방향 감각을 잃은 공군 비행사들에 대해 실시된 연구를 읽은 적이 있었다. 이들은 구름 속으로 비행기를 몰고 갔다가 비행기가 거꾸로 뒤집힌 채로 나왔다. 다른 일반 비행사들은 구름 속으로 들어가더라도 항상 비행기를 똑바르게 조종할 수 있다.

워싱턴 시애틀 행의 또 다른 비행기를 타고 목적지에 거의 도착했을 때 나는 두껍고 많은 구름의 하층부를 보았다. 지상은 어둡고 폭풍우가 칠 것이라는 것을 나는 알고 있었다. 조종사가 Rainier산 정상을 보라고 승객들에게 안내를 했다. 구름을 뚫고 우뚝 솟은 눈 덮인 산 정상은 너무나 아름다웠다. 멀리서 볼 수 있는 것은 그것 뿐이었다.

모로코 행의 비행기를 타고 카사블랑카에 거의 도착했을 때 구름의 하층부가 거의 사라지는 것을 보고 놀랐다. 모로코의 고동색 풍경을 따라서 펼쳐진 짙푸른 대서양을 볼 수 있었다. 얼마나 아름다운 광경인가!

나는 종종 지상의 물체들이 하늘에서는 너무나 다르게 보인다는 사실을 느끼곤 했다. 집이나 헛간의 페인트 벗겨진 자국은 볼 수 없다. 나무의 나뭇잎도 볼 수 없다. 숲 속에서 보금자리를 만들고 있는 동물들도 볼 수가 없다. 전체적인 큰 그림은 너무나 다르다.

Joni Mitchell의 노래 가사가 말해주듯이, 우리는 정말 구름에 대해서는 아무 것도 아는 것이 없다.

Frameworks

학습 과정 기록

구름의 양 면을 모두 보고도 구름을 잘 알지 못하듯이, 나는 평가에 대해서 전혀 모른다고 느낄 때가 있다. 하지만, 제2외국어 읽기에서 평가의 역할을 생각해 볼 때 구름과 비교해 보는 것은 매우 유익하다.

읽기 평가에는 2가지의 관점이 필요하다. 전체적인 큰 그림과 세부 사항들이 그것이다. 학습 과정과 발달 정도를 전체적으로 측정하기 위해서는 학생들의 학습 결과에서 한 발자국 떨어져 보아야 한다. 동시에 학생들의 장, 단점을 자세히 관찰해 볼 수 있는 도구를 가지고 있어야 한다.

교사는 읽기 학습 과정 기록(Reading Progress Records)을 효율적으로 활용하여 학습자들이 스스로의 학습 과정을 계속 확인하도록 할 수 있다. 학습 과정 기록은 학습자들이 지속적으로 스스로를 향상시켜 나갈 수 있도록 동기를 부여하는 효과적인 도구가 될 수 있다. Stoller(1986)는 학습 과정 차트(Progress Chart)와 그래프는 읽기 능력의 향상을 촉진시킬 수 있고 "교사 책임의 중요한 측면"이라고 지적했다. (p.55)

공식 및 비공식적인 관점에서 읽기 능력의 발달과 향상을 평가하는 것은 읽기 교사와 교재 개발자 모두에게 어려운 문제이다. 공식적 평가는 교사가 관리하고 기록한다. 비공식적 평가는 서면으로 기록될 수 없으며, 숙련된 교사가 학급의 개별 학습자들에 대해 이야기해 줄 수 있는 정보이다.

양적(Quantitative), 질적(Qualitative) 평가 활동은 읽기 학습 계획과 교과 과정에 포함될 수 있다. 양적 평가는 배치 시험, 수업 중 읽기 시험 및 기말 시험 등을 포함한다. 질적 정보에는 읽기 전략과 관련된 질문에 대한 학생들의 답변, 수업 시간 중 읽기 과제를 하는 동안의 교사의 관찰 사항, 그리고 읽는 동안 학생들이 인지 과정(Cognitive Process)과 관련한 학생들의 구두 보고 등이 포함될 수 있다. 이 두 가지 평가 모두, 교사가 학생들의 읽기 능력을 자세히 관찰할 수 있도록 해준다. 학습 과정을 평가하기 위한 두 가지 종류의 평가 활동이 적절하게 균형이 잡혀 있는 경우, 이 교재들은 읽기 학습에 엄청난 영향을 미칠 수 있다.

Teachers' voices

Paul Hardin은 학습자들의 요구를 더욱 잘 충족시키기 위해서 학습 실태를 전체적으로 살펴보기 위해 사용했던 설문 조사 방법에 대해 아래와 같이 기본 설명을 제공한다.

> 나는 Clover Park 교육 구에서 22년간 ESL교사로 일해왔다. K-12(12학년) 학생들을 가르쳤었다. 나는 18년간 해당 교육 구의 K-12 프로그램을 관할해왔다. 현재 나는 고등학교에서 정교사로 일하고 있다. 나는 학습자들이 고등학교 프로그램에 속한 다양한 학생들의 구성을 이해하는 것이 중요하다고 생각한다. 우리 교육 구의 경우, 한국어를 사용하는 사람이 가장 많으며, 이어 스페인어, 필리핀어, 베트남어, 그리고 다양한 태평양 열도 언어를 사용하는 사람 순으로 이루어져 있다. 교육을 필요로 하는 제1언어의 단계는, 읽지 못하는 단계, 기본 단계, 그리고 읽을 수 있는 단계를 모두 포함한다. 스케줄 관리의 어려움 때문에 모든 읽기 영역에서 제1언어 사용 능력 수준의 차이를 발견할 수 있다. 읽기 학습의 사회 문화적 배경은 언어를 사용하는 집단간에 크게 다르다. 이러한 변수와 청소년기의 끊임없는 불안정한 감정 상태 때문에 다양하고 창의적인 교육 기법과 교육적인 지도가 필요한 교육 환경이 만들어지고 있다.
>
> 교육 환경의 예측이 불가능하기 때문에, 나는 수업에 사용되는 모든 접근 방법 및 전략은 전체 학생의 요구 사항과 발달 수준에 기초해야 한다는 가정 하에 읽기 학습의 모든 주요 사항을 검토한다. 학생들의 이해 수준을 향상시키기 위해, 나는 매학기 초에

우선 각 학생을 위한 읽기 목록(Reading Inventory)을 제시한다. 이 목록에서 학생들은 자신의 읽기 학습 자료, 매일 혹은 매주 읽은 독서량, 독서를 하는 이유에 대해 답변을 하고, 어린 아동들은 부모가 책을 읽어 주는 것을 좋아하기 때문에, 부모들이 읽어 준 것 중 좋아하는 책이나 이야기, 가족 중 누군가가 어렸을 때 영어로 책을 읽어 주었는지, 그리고 제1 혹은 제2외국어로 읽기를 할 때 느꼈던 어려움이나 괴로웠던 점, 읽기를 어떻게 향상시키기를 원하는가 등을 답변하도록 하였다. 2개의 목록 중 하나는 학습자들의 영어 읽기에 대한 견해를 이해하기 위해 영어로, 다른 하나는 제1언어 읽기와 사회 문화적인 가치의 기반을 구축하기 위해 제1언어로 이루어진다.

이와 같은 학습자의 과거 독서 경험에 대한 전체적인 이해를 강화하기 위해, 각 학습자들에게 2번째 학습 배경 설문 조사가 실시된다. 이 설문 조사는 이전 학습 환경에서의 학생들의 견해를 발달시키고자 하는 것이다. 학생들은 다른 학교에서의 성공 및 실패 경험, 자신들이 느끼는 학습 능력의 장단점, 그리고 학업 지속이나 구직 등 현재와 미래의 목표가 무엇인지에 대한 질문에 답변한다. 이 정보를 가지고 나는 학생들의 읽기에 대한 생각, 그리고 학생들의 과거 학습 성취도에 대한 느낌을 고려한 프로그램을 개발할 수 있다.

1학기 혹은 1년이 지나도 어휘 및 기타 읽기 영역에서 또래의 영어를 사용하는 원주민의 수준에 다다를 수 있을 만한 학습 경험을 제공할 수 없다는 것을 알고 있다. 나는 학생들과 나의 에너지를 전략적 학습에 집중시킨다. 나는 학생들에게 평생 학습자가 될 수 있는 능력과 내 수업을 떠난 후에도 학습 과정을 계속할 수 있는 능력을 제공해 줄 수업을 개발하고 있다.

Frameworks

읽기 로그

교사들은 5가지의 학급 기록 과정을 사용하여 양적 및 질적 평가를 할 수 있다. 처음 4가지 과정은 학습자들의 구체적이고 자세한 강점과 약점을 알려주는 반면, 5번째 과정은 평가를 위한 더욱 전반적이고 큰 그림을 제시하는 단계이다.

첫번째, 읽기 로그(Reading Log)는 학습자들에게 매일 읽는 것을 기록해야 하는 책임 체제를 제공한다. 나는 학생들에게 매일 수업 시간 외에 최소 30분씩 읽고, 읽은 것을 기록하도록 권장한다. 이 읽기 로그의 효율성이 입증된 또 다른 방법은 학생들로 하여금 하루 중 읽은 모든 것과 읽은 시간을 기록하도록 하는 방법이다. 학생들은 하루에 얼마나 많은 시간 동안 독서를 했는지 발견하고 놀라곤 한다. 이 로그는 학생들로 하여금 읽은 내용에 대한 자신들의 이해 정도를 구체적으로 묘사하도록 하지는 않는다. 일부 교사들은 학생들이 읽은 것을 요약하거나 혹은 교사에게 질문을 하도록 하는 내용을 담은 읽기 로그를 실시한다. 이렇게 사용될 경우, 읽기 로그는 이해도 향상을 위한 교육 도구로 사용될 수 있다.

내가 사용한 읽기 로그의 샘플 포맷은 [표 7-1]과 같다.

[표 7-1] 읽기 로그

이름 ______________________________

일시	읽은 시간	읽기 자료	기타

읽기 속도 및 이해도 그래프

두 번째, 읽기 속도 그래프는 읽는 속도의 향상을 기록하기 위해 작성된다. 마찬가지로, 읽고 이해하기 점수 그래프도 작성할 수 있다. 이 두 가지 그래프는 학생들이 개별적인 목표를 설정하는 데 유용한 도구로 사용될 수 있다. [표 7-2]와 [표 7-3]은 내가 수업에 사용하는 속도와 이해도 그래프의 사례이다.

이 그래프들은 읽기 속도와 읽고 난 후 이해도 면에서 학습자들의 성취도를 기록하는데 특히 유용하다. 나는 이 그래프를 사용하여 매주 학생들에게 정해진 시간 내에 1,000개의 단어를 읽고 10개의 이해도를 측정하는 사지 선다 문항에 답변하도록 한다. Fry(1975)의 읽기 구문들은 길이 면에서 1,000개의 단어로 이루어져 있으며, Anderson(1996)의 읽기 단원 또한 그러하다. 학생들은 그래프를 이용하여 매주 자신들의 읽는 속도와 이해도 점수를 기록한다. 나는 학생들의 이들 점수를 취합하여 읽는 속도와 이해도의 학급 평균을 계산하고 매주 읽기가 끝나면 학생들에게 발표한다. 읽기 속도 그래프는 읽는 구문의 길이에 맞도록 수정될 수 있다. 예를 들어, Spargo 및 Williston(1980)의 읽기 구문에는 길이 면에서 400개 단어를 포함한 읽기 구문이 포함되어 있다. 이와 같은 읽기 자료의 길이 차이를 반영하기 위해 속도 열(rate column)은 수정될 수 있다.

읽기 속도 기록

다음으로 읽기 속도 기록은 학습자들이 비교적 긴 기간 동안의 읽는 속도를 계산할 수 있는 도구이다. 이 기록으로 교사뿐 아니라 학생들은 읽는 속도를 모니터 할 수 있다. 학습자는 읽은 페이지 숫자와 페이지 당 평균 단어 숫자를 곱해서 이와 같은 기록을 얻게 된다.

[표 7-2] 읽기 속도

시간 (분)	1	2	3	4	5	6	7	8	속도 (wpm)
1:00									1000
1:15									800
1:30									677
1:45									571
2:00									500
2:15									444
2:30									400
2:45									364
3:00									333
3:15									308
3:30									286
3:45									267
4:00									250
4:15									235
4:30									222
4:45									211
5:00									200
5:15									190
5:30									182
5:45									174
6:00									167
6:15									160
6:30									154
6:45									148
7:00									143
7:15									138
7:30									133
7:45									129
8:00									125
8:15									121
8:30									118
8:45									114
9:00									111
9:15									108
9:30									105
9:45									103
10:00									100

이렇게 하면 읽은 총 단어 숫자를 알 수 있으며, 이것을 읽는데 걸린 시간(분)으로 나누면 분당 읽은 평균 단어 수가 나오게 된다.

다음 4단계는 페이지당 평균 단어 수 계산을 위한 단순한 공식이다.

1. 읽기 자료의 첫 다섯 줄의 단어 수를 센다.
2. 1단계의 총합을 5로 나눈다. 이렇게 하면 한 줄당 평균 단어 수가 나온다.
3. 페이지당 줄 수를 센다.
4. 페이지당 총 줄 수(3단계)에 줄당 평균 단어 수(2단계)를 곱한다. 이렇게 하면 페이지당 평균 단어 수가 나온다.

[표 7-3] 이해도

점수	1	2	3	4	5	6	7	8	%
10									100
9									90
8									80
7									70
6									60
5									50
4									40
3									30
2									20
1									10
0									0

반복적인 읽기 기록

네 번째로 반복적인 읽기 기록은 개개인 학습자가 읽기 속도 향상을 위한 목표 설정을 돕는 도구일 뿐 아니라 학습자들이 스스로의 학습 과정을 확인할 수 있도록 하는 도구이다. 반복적인 읽기를 하면서 이 기록을 함께 쓸 수 있다. [표 7-4]는 내가 수업 중에 쓰는 읽기 속도 기록에 대한 예시이다.

[표 7-4] 읽기 속도 기록

이름

읽은 페이지수	×	페이지 당 평균 단어수	=	총 단어수	÷	분수	=	대략의 WPM

읽기 포트폴리오

마지막으로, 읽기 포트폴리오는 교사들이 일정 기간 동안의 학습 과정을 확인하고 전반적인 읽기의 문제들을 더욱 잘 이해할 수 있도록 한다. 읽기 포트폴리오는 읽기 학습 교사가 한 발자국 뒤로 물러서서 전체적인 그림을 볼 수 있게 하는 탁월한 도구이다. O'Malley 및 Valdez Pierce(1996)는 "포트폴리오 평가는 학습과정, 즉 학생들의 생각과 교사의 관찰을 기반으로 학생들의 학습 결과물 중 목적을 가지고 일부를 선택하는 것을 의미한다."(p.127)

다음은 포트폴리오 평가를 준비하는 데 있어 교사들이 취할 수 있는 8가지 유용한 단계를 보여준다.

1. 목표의 명시
2. 평가 정보 사용
3. 포트폴리오 형태 명시
4. 내용과 목표의 일치

5. 학생들의 학습 과정 기록
6. 학생들의 참여
7. 시간 관리
8. 커뮤니케이션 결과

읽기 포트폴리오에 포함시킬 수 있는 몇 가지 유용한 항목은 다음과 같다.

- ◆ 실수 분석
- ◆ 개인 읽기 목록
- ◆ 일화 기록
- ◆ 빈칸 메우기 테스트
- ◆ 읽은 책 목록
- ◆ 읽기 구문 예시
- ◆ 체크리스트/ 평가 척도

교사는 학습자가 학습 과정을 확인하고 이를 일정한 형태로 문서화하여, 이를 학습 과정 평가 도구로 사용할 수 있는 많은 기회가 주어진다. 이 과정에서 전반적인 관점과 세밀한 관점, 두 가지 모두가 필요하다.

Investigations

1 93–133 페이지의 O'Malley 및 Valdez Pierce(1996)의 읽기 평가 관련 제안을 검토해 본다. 읽기 포트폴리오를 위한 아이디어를 내는데 도움이 될 만한 아이디어를 얻을 수 있는가? 반성적 읽기 일지(Reflective Reading Journal)에 대한 의견을 기술해 본다.

2 포트폴리오 평가에 대한 다양한 웹 페이지가 존재한다. 이 책의 출판 시점에 다음과 같은 웹 페이지를 확인할 수 있었다. 이들 웹 페

이지를 살펴보고 포트폴리오 평가에 대해 이들이 제시하고 있는 정보를 검토해 본다. ESL/EFL 학습자들에게 도움이 될 수 있는 아이디어를 이 페이지들에서 얻을 수 있는가? 반성적 읽기 일지(Reflective Reading Journal)에 대한 의견을 기술해 본다.

- http://www.cse.ucla.edu
- http://rgfn.epcc.edu/programs/trainer/www/central/portfolio.htm
- http://www.uncg.edu/~ericcas2/assessment/diga10/html

Teachers' Voices

Down은 읽기 수업에서 평가가 차지하는 역할에 대한 그녀 자신의 철학을 형성하는 데 있어 도움이 되었던 몇 가지 정보를 다음과 같이 소개하고 있다.

> 나는 다양한 읽기 목록을 사용한다. 학생들이 사용하고 있을 수도 있는 전략을 표시하게 한다. 학생들에게 무엇을 이해하고 있는지 혹은 무엇을 이해하지 못하는지 질문한다.
>
> 나는 포트폴리오를 사용해 보지 않았고, 읽기 수업에서 이것을 사용하는 다른 수업 방식을 보지 않았다.
>
> 학생들에게 읽기 흥미 설문조사를 했다. 그리고 나서 읽는 책에 변화가 생겼는지 확인하기 위해 다른 설문 조사를 실시했다. 오늘 수업 시간 외 읽기와 수업 시간에 읽기 중 어떤 것이 더욱 흥미로운 지에 대해 이야기해 볼 것이다.
>
> 예전에 가르쳤던 학급에서 나는 학생들에게 읽기 로그를 기록하도록 했다. 이번 학급에서는 하지 않고 있다. 반응이 좋지 않았다. 학생들은 읽기 로그를 단순히 쓸데없는 일이라고 생각했다. 나는 이 때문에 학생들이 읽기에서 주의를 빼앗길 것 같아서 우려했다. 다시 한번 사용할 수 있지만, 내 사용 방법을 평가하고 학생들을 위해 더욱 쉽게 만들어야 할 것 같았다. 체크리스트를 만드는

것이 나을 수도 있다. 학생들에게 문법이나 내용을 확인하는 것은 아니라고 말했지만, 학생들은 확실히 많은 시간을 로그 작성에 소비했을 것이다. 일부 학생들은 연필로 작성했는데, 여러 번 지운 흔적이 있었다. 아마도 구조를 조금 바꾸어 학생들이 작성하는 데 너무 많은 시간을 허비하지 않도록 해야 할 것이다.

나는 많이 면담을 한다. 교실 밖에서 학생들을 자주 만난다. 나는 이것이 나의 독특한 교수법이라고 생각한다. 일부 교사들은 학기 중간 즈음에만 학생들과 면담한다고 알고 있다. 어떤 학생들은 매주 나를 찾아온다.

어떤 학생들은 그들의 학습 결과에 영향을 미치는 많은 외부 요인을 가지고 있다. 이러한 사실은 이 학생들에 대한 나의 시각에 영향을 미친다. 어떤 학생들은 룸메이트와 문제가 있다. 한 학생은 미술 시간에 생기는 문제에 대해 내게 상의했다. 그 학생은 미술 교사가 다른 학생들 앞에서 자신을 조롱하고 있다고 느꼈다. 그리고 이것이 수업 중에 그녀의 전체적인 태도에 영향을 미쳐서 자주 그 학생은 울기 직전까지 간다. 나는 학생들의 삶에 깊숙이 관여하고 있다. 만일 학생들이 적절하게 제 시간에 맞게 과제를 하지 못한다면, 교실 밖에서 어떤 요인들이 학생들의 삶에 영향을 미치는지 파악하는 것이 유익하다. 나는 학생들에 대해 많이 아는 것이 도움이 된다고 믿고 있지만, 학생들이 말하기를 원치 않는다면 너무 강요해서는 안된다.

내 학생들 가운데 러시아인이 두 명 있다. 이 전에 러시아인 학생을 가르친 일이 없기 때문에 매우 흥미로운 일이다. 수업에 들어가기 전에 나는 이전에 가르쳤던 두 명의 정감 있는 폴란드 학생들과 비교를 해서 이들 학생들에 대한 몇 가지 가정을 했었다. 하지만 러시아 학생들은 매우 차가웠다. 내가 생각을 미처 제대로 하지 못했던 것이다. 그들은 막 시베리아를 떠났고 시베리아 밖으로 가본 적이 없었다. 둘 모두 18세이고 처음 5주 동안에는 충격을 받았던 것으로 생각된다. 수업 시간 중에는 둘 다 아무 말도 하지 않았다. 몇 차례 나는 이 학생들을 불러 면담을 해보았고, 학습 능력이 향상되고 있는지에 대한 의견을 물었다. 하지만, 학생들은 눈도 마주치려 하지 않았다. 러시아에서는 교사들에게 이런

식으로 대하는 듯 했다. 하지만 학기 중반이 되자 이 학생들의 태도가 변하기 시작했다

이러한 면담의 단점은 다른 교사들과의 문제에 대해 내가 많은 학생들과 면담을 하게 된다는 것이다. 다분히 문제의 소지가 될 수 있다. 나는 학생들을 잘 이해하는 것은 매우 중요한 일이라고 믿는다. 학생들은 자신들이 이해하지 못하는 것이 있으면 알리려고 한다. 학생들은 다른 수업에서 생긴 문제들을 나에게 털어놓곤 했다. 다른 교사들과는 편안하게 느끼지 않았다. 나는 때때로 학생들이 나를 너무 편안하게 느낀다고 생각했다.

나는 많은 테스트를 하지 않는다. 테스트를 하는 경우에는 이미 논의한 주제에 대해서만 했다. 나는 학생들이 잔뜩 긴장해서 테스트를 받는 것을 원치 않는다.

나는 많은 조별 활동을 했고 조별로 학생들을 평가한다. 나는 이러한 방법이 학생들을 깊이 이해하는 데 도움이 된다고 생각한다. 나는 누가 누구와 함께 활동하는 것을 원치 않는지 안다. 학생들을 원하지 않는 사람들과 함께 조별 활동을 하도록 강요하는 것은 전혀 유익하지 않다.

나는 고급 단계 읽기 수업 학생들과 읽으면서 "혼잣말하기 실험(Think-aloud protocol)"을 해보았다. 이 방법은 학생들에게 어려웠다. 내가 수업 중에 시범을 보여주기도 어려웠다. 이 방법은 교사인 내가 가졌던 학생들의 생각에도 큰 변화를 초래했다. 나는 학생들에게 전공 과목 관련 서적들을 가져오라고 했다. 화학 공학을 전공하는 한 학생이 전공 관련 서적을 가져왔다. 나는 이 자료를 OHP로 만들어 수업에 사용했다. 학생들에게 이것이 즉석 자료라고 이야기하고 시범으로 읽어보았다. 일부 학생들은 영어로 된 자료를 읽으면서 내가 60-70%밖에 이해하지 못한다는 사실에 충격을 받았다. 다른 학생들은 내가 전혀 이해하지 못한다고 생각했다. 일부 학생들은 교사는 모든 것을 설명할 수 있어야 한다는 맹목적인 믿음을 가지고 있다. 하지만, 이것은 원어민에게도 어려운 일이므로, 비원어민이 이와 같은 방법을 사용하는 것은 바람직하지 않다고 생각한다. 이 방법은 학생들의 읽기 흐름을 방해하여 학생들은 읽은 것을 기억하지 못한다. 때때로 말하려고 하는 것을

생각하면서 너무 많은 시간을 허비하곤 한다.

나는 학생들을 3명의 조로 만드는 것이 바람직하다는 것을 발견했다. 첫 번째 학생이 한 구문을 읽고 다른 2명의 학생들에게 읽은 것을 이야기 해준다. 전략의 공유라는 측면에서 이것은 매우 효과가 좋다. 다른 2명의 학생이 이해하지 못하면, 첫 번째 학생이 이해를 도울 수 있도록 자료를 사용하여 읽은 구문을 지적할 수 있다.

예를 들어, 학생들이 유추를 하여 자신들이 한 것을 이해하고 있다고 말하지만 내게는 설명하지 못할 때가 있다. 나는 학생들이 하지 않은 것을 했다고 부추기긴 싫다. 내가 이와 같이 말하면 학생들은 진짜 자신들이 하지 않은 것일 때 내 말에 동의를 한다. 학생들이 자신들의 전략에 대해 생각하도록 만드는 것은 어려운 일이다.

Investigations

3 ESL/EFL 학습자들이 참여하기에 적당한 자기 평가 과제(self-assessment tasks)는 어떤 유형이라고 생각하는가? 언어 숙련 정도 때문에 학습자들이 스스로 평가하도록 하는 과제 유형이 달라진다고 생각하는가? 그 이유는 무엇인가?

4 ESL/EFL 수업에서 읽기를 가르치고 있다면, 학습자들의 학습과정을 비공식적으로 확인하기 위해 사용할 수 있는 읽기 능력 체크리스트를 준비한다. 체크리스트는 한 학기 수업과정 동안 사용되고 학습계획을 안내할 수 있어야 한다.

5 읽기 수업이 진행되고 있는 학급을 관찰하고 학습자들이 하는 행동과 스스로의 읽기 능력에 대해 어떻게 평가하는지 관찰한다. 만일 여러분이 이 학급의 교사라면, 이 관찰 정보를 평가 도구로 어떻게 사용할 수 있는가?

6 제2외국어 학습자들을 위한 읽기 흥미 설문조사를 준비한다. 이 조사에서 얻어진 정보가 학급 평가에 있어 교사에게 어떠한 도움을 줄 수 있는가?

7 이 책을 읽는 동안 작성한 반성적 독해 일지(Reflective Journal) 목록을 검토한다. 이들 목록으로부터 독자로서 여러분 자신에 대해 무엇을 배웠는가? 유사한 과제로 여러분이 가르치고 있는 ESL/EFL 학습자들에게 그들의 읽기에 대한 평가 피드백을 제공할 수 있다고 생각하는가?

Teachers' Voices

Carolyn은 Pre K-12(12학년 미만) 학생들의 학습과정 평가를 위해 읽기 교사로서 효과적이라고 생각하는 기법들에 대해 다음과 같이 안내해 준다.

학생들의 학습과정 평가를 위해 다양한 학습과정 기록을 사용한다. 여기에는 자기 평가, 관찰 체크리스트, 읽기 로그, 읽기 일지등이 포함된다. 학생들의 자기 평가에는 자신들이 좋아하는 것, 어려운 점들에 대한 다양한 질문이 포함된다. 나는 또한 "이해하지 못하는 경우"라는 질문을 덧붙이길 좋아한다. 내용은 다음과 같다.

이해하지 못하는 경우 :	단어	구	문장
뒤로 돌아가 다시 읽는다			
문맥에서 단서를 얻는다			
앞부분을 읽어 본다			
사전에서 찾아본다			
다른 사람들에게 물어본다			
건너뛰고 계속 읽는다			

읽기 로그와 관련해서는 학생들에게 공책에 차트를 작성하도록 했다. 각 열의 질문 내용을 시각화 할 수 있도록 각 카테고리 맨 윗부분에 그림을 넣었다. 학생들이 언제, 어디서, 무엇을 읽는 지, 읽기의 목적이 무엇이며, 얼마나 오래 읽는지, 그리고 배운 내용은 무엇인지 기록하도록 했다. 이러한 방법으로 학생들은 자신들의 학습과정을 지속적으로 확인할 수 있을 뿐 아니라 교사와 학생들은 유형을 분석할 수 있는 많은 데이터를 얻게 된다. 나는 초등학교와 중등학교 학생들에게 이 읽기 차트를 사용했다. 내가 근무하던 교육 구의 한 교사는 컴퓨터 실험실에 네트워크로 연결된 읽기 차트를 만들었다. 그래서 2~3주 마다 컴퓨터에서 학생들의 학습과정을 확인한다. 학생들은 서로 학습과정과 데이터를 공유한다.

나는 또한 학생들이 읽은 내용에 대해 나와 비공식적인 방법으로 논의할 수 있는 읽기 로그를 사용하는 것을 좋아한다. 이 방법은 학생들에게 부담감을 주지 않는 개방적인 대화이다. 나는 원시적인 "독후감"보다는 이러한 형태로 학생들의 질문이나 감상을 읽는 것을 즐긴다. 초심자들에게는 잡지 사진이나 직접 그린 그림을 구나 문장과 함께 작성하는 것이 읽기 로그가 될 수 있다.

Frameworks

그래프 그리기

배경 지식의 활용과 이해도를 높이기 위한 교수법에 대한 단원에서 언급된 그래프 그리기(Graphic organizer)의 사용을 생각해 보라. 그래프 그리기는 평가 목적으로 교사들이 사용할 수 있는 또 다른 도구이다. 수업 중에 하는 모든 읽기 활동이나 연습이 평가를 위해 사용될 수 있다는 것을 명심하라. 중요한 것은 가르치는 것이 아니라 평가하고 있다는 것을 명심하는 것이다. 테스트가 아닌 가르치는 것에 대한 이해도 증대를 위한 교수법 단원에서 한 논의를 기억하고 있는가(pp.37–40)? 이제는 반대 상황이 해당된다.

Investigations

8 그래프 그리기에 대해 학생들에게 가르쳐 준 뒤, 새로운 자료를 보여주고 학생들에게 스스로 자신들의 그래프 그리기를 만들어 보게 한다. 읽기 능력의 향상을 보여 주기 위한 학생들의 읽기 포트폴리오에 유용하겠는가? 그 이유는 무엇인가?

맺음말

"이제 나는 양쪽에서, 위에서 아래에서 구름(평가)을 보네. 여전히 내가 기억하는 것은 구름(평가)의 환영이라네. 구름(평가)에 대해서는 아무것도 아는 것이 없네."

모든 측면에서 읽기 학습 과정을 살펴볼 수 있는 능력은 평가를 더욱 용이하게 만든다. 평가는 또한 학습자들이 문제를 확인할 수 있도록 한다. 자성(Self-reflection)은 이 평가 과정에서 중요한 요소이다. 교사와 학습자들이 최대한 많은 측면에서 성장과 발달 그리고 향상과 단점을 관찰할 수 있을 때, 더욱 정확한 그림이 떠오를 것이다.

추천도서

신뢰할 수 있는 평가는 제2외국어 읽기에서 매우 중요하다. O'Malley 및 Valdez-Pierce(1996)는 제2외국어 교사들이 정형화된 테스트의 형태에서 벗어나 어떻게 더욱 신뢰할 수 있는 형태의 테스트로 접근해 나갈 수 있는지 보여주는 귀중한 자료 『영어 학습자들을 위한 신뢰할 수 있는 평가(*Authentic Assessment for English Language Learners*)』를 제공했다. 이 책의 5장에서는 읽기 평가 분야를 다루고 있다.

Allerson 및 Grabe(1986)는 교사들이 항상 쓰는 평가 기법의 일부로 사용해야 하는 표준 기법과 활동을 이용한 읽기 평가 문제를 다루었다. 이들의 논문 제목은 『읽기 평가(Reading Assessment)』이다.

이러한 자료들은 읽기 학습과정 평가방법에 대한 철학을 확립하기 위해 노력하는 모든 교사들에게 귀중한 자료가 될 것이다.

제 8 장
전략 7 : 동기 부여

Investigations

1 잠시 동안 어떠한 요인들이 읽기에 동기를 부여하는지 생각해 본다. 이 요인들의 목록을 만들고 이에 대해 동료들과 토론한다. 동료들의 생각과 차이점 및 공통점이 무엇인가? 본인의 동기 부여 요인 목록이 ESL/EFL 학습자들의 목록과 얼마나 유사하다고 생각하는가? 반성적 읽기 일지(Reflective Reading Journal)에 이러한 의견을 기술한다.

Teachers' Voices

내가 대학에 입학했을 당시 특별히 의지가 굳은 학생이었다고 생각하지는 않는다. 나는 여러 활동에 참여했었다. 그리고 결혼을 하여 첫 아이의 출산을 기다리고 있었다. 나는 "학위 취득에 문제"가 생겨서 전공을 바꾸기로 결정했다. 경영학으로 전공을 바꾸었지만, 생각만큼 기분이 좋지 않았다. 내 성적표를 검토해보니, 1~2학점을 더 취득하면 교사 자격증이 없는 스페인어 전공 학위를 받을 수 있다는 것을 알았다. 나는 경영학을 2년간 더 공부하는 대신 1학기 내에 졸업할 수 있을 것이라고 생각하니 매우 기뻤다. 하지만, 교사 자격증이 없이 어떤 일을 할 수 있을 지 확신이 서지 않았다. 나는 고등학교 스페인어 교사가 되기를 원치 않았지만, 내가 가르치는 것을 좋아한다는 것은 알고 있었다. 아내는 내게 TESL/TEFL 석사 학위 취득을 해 보는 것은 어떤지 물었다. 이것이 바로 가르치는 일에 집중하면서 스페인어 교사 자격증 없이 입학할 수 있는 과정이었다. 이 과정에 대해 알아보고 지원했고 나는 합격했다. 바로 지금까지도 이 석사 과정에서 보낸 시간은 아마도 내 인생 최고의 경험이었던 것 같다.

TESL/TEFL 과정의 석사 학위를 취득한 후 나는 대학에서 연속 계약 형태로 4년간 일했다. 그 4년 동안 나는 내가 진정으로 원하는 것을 하기 위해서 교사 교육을 받고 박사 학위를 취득하길 원한다는 것을 깨달았다. 한번 박사 과정에 지원했지만, 불합격했다. 내가 불합격하리라는 생각은 한번도 해보지 못했다. 그 대학이 내가 원하던 대학이었고, 내 자신을 그 대학 박사 학위에 합당한 훌륭한 교사라고 생각하고 있었다. 서둘러 다른 학교를 알아보기 시작해야 했다. 한 교수가 UT(University of Texas at Austin)를 추천해 주었다. 동시에 나는 CAL(Center for Applied Linguistics)에 난민 프로그램을 위한 언어 테스트 조정관으로 필리핀 마닐라의 현지 근무를 지원했다. UT에 합격했고, CAL에도 합격했다. 2년간 CAL에서 일하기로 결정하고 UT 박사과정에도 등록했다.

이러한 경험에서 나는 동기와 성공은 우연이 아니라는 것을 배웠다. 이는 실로 신중한 계획과 지속적인 노력을 필요로 한다. 원하는 것에 집중하고 목표를 달성하기 위한 계획을 수립해야 한다. 노력과 계획을 하기 위한 동기가 부여되어야 한다는 것을 깨달았다. 동기가 고취되면, 사고는 명확해지고 목표를 위한 노력은 꾸준하고도 지속적으로 된다.

Frameworks

정보와 즐거움을 위한 읽기

사람들은 왜 책을 읽는가? 이 질문은 읽기 수업용 자료 제작의 성공여부에 있어서 핵심적이다. 읽기를 하는 두 가지의 광범위하고도 일반적인 이유가 있다. 하나는 정보를 위한 읽기, 다른 하나는 즐거움을 위한 읽기이다. 사람들이 정보를 얻기 위해 책을 읽을 때, 새로운 정보를 얻기 위해서나 지식을 늘리기 위한 목표를 가지고 책에 접근하게 된다. 즐거움을 위한 읽기는 많은 독자들에게 긴장을 빼고 책의 세계에 빠져들 수 있는 기회를 제공한다. 이 두 가지 이유 때문에 독자들은 읽고 있는 자료를 이해하고 목적을 달성할 수 있게 될 것을 기대한다. 독자들이 읽는 자료가 이러한 광범위한 목적을 충족시키는 데 도움이 되면 읽고자 하는 동기가 고취된다. 독자들이 집중할 목표를 가지고 있고 목표를 달성하기 위한 동기가 고취되면 목표를 향해 꾸준하고 일관되게 노력할 것이다.

Teachers' Voices

Rachel은 2명의 학생을 가르친 경험에 대해 다음과 같이 소개하고 있다.

> 나는 2명의 중학생들에게 예측에 관한 수업을 하고 있었다. 그 중 1 명은 매우 명석한 반면 다른 1명은 흥미가 없어 보였다. 명석한 학생은 2~3번의 예시를 보여주자 예측에 대해서 이해했다. 하지만, "그다지 명석하지 않은" 학생은 이해하지 못했다. 원인은 결국 "그다지 명석하지 않은" 학생의 동기 부족으로 귀결된다. 나는 그 학생이 3개월 정도만 미국에 머무를 것이라는 것을 알게 되었다. 그

학생의 부모는 이미 학생의 성적에 대해서는 신경쓰지 않을 것이라고 말했다. 반면 "명석한" 학생은 많은 동기를 가지고 있을 뿐 아니라 언어 숙련도가 매우 높았다. 그 학생은 언어 능력을 더욱 향상시켜 이 능력을 이용하여 미국에서 교육을 받을 준비를 하고 있었다.

동기(Motivation)는 제2외국어 학습의 거의 모든 영역에 영향을 미치기 때문에, 읽기 능력에도 마찬가지로 영향을 미칠 것이라고 생각한다. 단순하게 말하자면, 한 학생이 읽기에 대해 동기를 가지고 있지 않으면 읽을 수 없게 될 것이라는 것이다.

우선, 독자는 읽고 있는 책에 홍미를 가져야 한다. 홍미가 없다면 어떤 동기도 있을 수 없기 때문이다. ESL 읽기 교사는 학생의 홍미를 파악하기 위해 최선을 다해야 하며 학생들이 감상하고 즐기는 매체를 통해 학생들을 가르쳐야 한다.

두 번째, 읽을 책은 학생들의 읽기 능력을 염두에 두고 선택해야 한다. 너무 쉽거나 너무 어려워서는 안 된다. 학생이 읽는 책 자체가 동기를 불러 일으킬 수 있다.

책이 너무 어려워서 독자가 실망하거나 포기해서도 안 되며, 또한 너무 쉬워서 학생이 지루해 하거나 홍미를 잃어서도 안 된다. 책 선정은 매우 어려운 일임에 틀림없다. 하지만 성취감과 만족감이 결국 더욱 동기를 부여할 수 있다.

학생들에게 읽기 로그를 작성하고 읽기 속도를 측정하고 연습을 시켜서 동기를 고취할 수 있다고 생각한다. 학생들이 스스로의 학습과정을 확인할 수 있는 모든 방법이 도움이 된다. 보상(읽기 속도 및 이해도 향상)이 있고 보상을 얻는 것이 쉽지 않으며, 지겹거나 좌절감을 느끼지 않는다면 동기가 생긴다고 생각한다.

Dawn은 동기의 개념을 읽기 속도 향상과 같이 앞에서 논의한 개념과 연관시키고 있다.

나는 다양한 교수 기법을 사용하는 것이 학생들의 동기에 영향을 미친다고 생각한다. 나는 종종 이러한 것들이 수업 시간 외의 읽기에 영향을 미치는 지 나 자신에게 묻곤 한다.

학술 서적을 읽는 학생들은 학술 서적을 읽는데 시간이 덜 소요되며 더욱 잘 이해할 수 있다고 말한다. 나는 학생들에게 수업 외에 읽는 책들의 목록을 만들 것을 권장한다. 최근 한 학생을 만나서 진행 상황을 묻자 학생은 더욱 잘 이해하게 되었다고 대답했다. 학생들은 어휘에 아직 어려움이 있다고 말했지만, 이러한 문제들은 걱정할 것이 아니다. 왜냐하면 이를 처리할 수 있는 능력을 학생들이 가지고 있기 때문이다.

이 학급에서는 과학 전공 학생이 한 명 있다. 우리의 자료 중 어떤 것도 그의 흥미를 돋구지 못했다. 나는 그 학생에게 전공 서적을 가지고 오도록 하여 읽기 속도를 측정했다. 그 학생은 그 책을 빠르게 읽고 전보다 더 많은 것을 이해하게 되었다고 말했다.

나는 또한 읽기 속도 향상을 실험하기 위해 일부 자료들을 컴퓨터로 스캔하였다. 학생들이 가져온 전공 자료들은 그들에게 흥미로운 주제의 읽기에서 속도 향상이 가능하게 했다. 전반적으로 이것은 그들의 동기에 영향을 미쳤다.

Investigations

2 어떤 방식으로 동기가 읽기 능력에 영향을 미친다고 생각하는가? 학급 내의 학습자들의 동기를 어떻게 고취시킬 수 있는가? 반성적 읽기 일지(Reflective Reading Journal)에 의견을 기술한다.

Frameworks

동기의 역할

Irwin(1991)은 동기 모델이 제시된 Dulin(1978)의 논문을 요약한 바 있다. 이 모델은 다음과 같다.

$$동기 = \frac{기대되는\ 보상}{기대되는\ 노력}$$

Irwin은 "기대되는 보상(expected reward)의 증가나, 기대되는 노력(expected effort)의 감소에 의해 동기가 증가할 수 있다. 최대의 동기는 이 두 가지 모두를 통해 달성할 수 있다(p.145)."라고 강조했다. 그리고 기대되는 보상 증가와 기대되는 노력 감소를 위한 몇 가지 제안을 했다. [표 8-1]은 이러한 제안의 내용이다. "기대되는 노력 감소"에 기재된 몇 가지 항목들은 전에 ACTIVE 읽기 체제 (ACTIVE reading framework)에서 논의된 바 있다.

[표 8-1] 동기 고취를 위한 일부 과정 예시

기대되는 보상 증가	기대되는 노력 감소
정기적으로 칭찬	배경 지식 제공
흥미로운 활동 제공	구체적인 목표 제시
공정한 테스트 작성	사전에 과제 검토
성공율이 높은 과제 부여	사전에 어휘 검토
목표 설정에 학생 참여	읽기 전략 논의
질문 작성에 학생 참여	성공율이 높은 자료 사용
의미있는 읽기 과제 사용	긴 단원을 짧은 과제로 나누기
학생들에게 다양한 선택안 제공	

Irwin, J.W.(1991), "읽고 이해하기 과정 교수법(Teaching Reading Comprehension Process)", 제 2판, p.145, Englewood Cliffs, NJ: Prentice Hall.

Investigations

3 [표 8-1]의 내용에 대해 어떻게 생각하는가? 학급에서 기대되는 노력을 감소시키기 위해 구체적으로 어떤 방법을 취할 수 있는가? 어떻게 기대되는 보상을 증가시킬 수 있는가? 반성적 읽기 일지(Reflective Reading Journal)에 의견을 기술한다.

Frameworks

Irwin 및 Baker(1989)는 특정 과제에 대한 학생들의 동기 부여를 위해 10가지 제안을 한 바 있다.(표 8-2)

[표 8-2] 특정 과제에 대한 동기 부여를 위한 일반적 제안

1. 학생들의 동기 고취 방법에 대한 생각 없이 읽기 과제를 주지 않는다.
2. 읽기를 쓸 데 없는 과제나 벌로 주지 않는다.
3. 가능한 많이 보상을 늘리고 노력을 감소시킨다 (표 8-1 참조)
4. 학생들에게 읽을 책과 읽는 이유에 대한 어느 정도의 자율권을 부여한다.
5. 읽기 과제 후에는 학생들이 읽으면서 습득한 것을 활용할 수 있는 활동을 시킨다.
6. 학생들에게 흥미로운 읽기 목적을 부여하여 읽기 과제가 적절하고 의미가 있으며 유용하게 한다.
7. 가능하면 학생의 흥미와 관련된 읽기 자료를 사용한다.
8. 가능하면 미래에 학생들에게 자료가 얼마나 유용할 수 있는지 보여준다.
9. 교사 또한 자료에 흥미가 있음을 보여준다.
10. 모든 학생이 성취할 수 있는 기회를 갖도록 한다.

Irwin, J.W., and Baker, I (1989), "적극적인 읽고 이해하기 전략 사용하기(Promoting Active Reading Comprehension Strategies)", p.58, Englewood Cliffs, NJ: Prentice Hall.

Investigations

4 [표 8-2]에 열거된 아이디어 중 시도해 본 것이 있는가? 학습자들의 동기 고취에 어떤 항목이 효과가 있었는가? 어떤 것이 효과가 없었는가? ESL/EFL 교사로서의 경험을 바탕으로 이 목록에 추가하고 싶은 항목이 있는가? 반성적 읽기 일지(Reflective Reading Journal)에 의견을 기록한다.

Frameworks

교사의 역할

읽기 교사가 지속적으로 읽기에는 목적이 있어야 한다는 것을 잊지 않고 의미 있는 목적을 가지고 학생들을 지도한다면, 그리고 읽기 자료가 이에 따라 선택된다면, 읽고자 하는 동기와 읽기 능력을 향상시키고자 하는 동기가 생기게 된다.

교사의 역할은 제2외국어 학습자들의 성공에 결정적이다. 교사들은 본인이 각 학습자에게 가장 효과적인 방법을 찾아내도록 돕는 조언자라고 생각해야 한다. ACTIVE 읽기 체제(ACTIVE reading framework)는 교사가 읽기 논리의 원칙과 교실에서의 실행 경험을 통합할 수 있는 교수법 도구를 제공한다. 이러한 통합은 제2외국어 수업에서 더욱 효과적인 읽기 지도로 이어질 수 있다.

동기를 측정하기 위해 교사가 수업 중에 사용할 수 있는 도구는 질문이다. 내가 지도한 논문에서 Wengpeng Zhang은 교실에서 동기와 전략을 검토하는 데 적절하게 사용할 수 있는 다음과 같은 훌륭한 질문을 개발해냈다.

언어학습을 위한 동기 목록

IMLL(Inventory of Motivation for Language Learning: 언어 학습을 위한 동기 목록)

『답변 척도』

1 : 강하게 부정한다

2 : 부정한다.

3 : 중립적이다.

4 : 동의한다.

5 : 강하게 긍정한다.

『단원 1』

1. 영어는 내가 배우기에 매우 어려운 언어이다.
2. 나는 영어 과제와 테스트에서 잘할 수 있다고 확신한다.
3. 나는 영어 수업에서 배운 것을 이해하고 있다고 생각한다.
4. 나는 영어를 배우는데 자신이 없다.
5. 나는 외국어 학습에 특별한 적성을 가지고 있다.
6. 나는 내가 영어를 잘할 수 있다고 생각한다.
7. 나는 내 학습 능력이 뛰어나다고 생각한다.
8. 나는 영어 학습법을 잘 모른다.
9. 나는 영어 수업 시간에 배운 언어 능력을 완전히 습득할 수 있다고 확신한다.
10. 나는 영어를 말할 때 불안하고 자신이 없다.
11. 나는 수업의 난이도, 교사 및 내 자신의 능력을 고려할 때 영어를 잘 배울 수 있다고 믿는다.
12. 나는 영어 학습을 잘 하지 못한다.
13. 나는 내 영어 수업 학습 교재의 가장 어려운 부분을 이해한다고 확신한다.
14. 영어는 나를 더욱 유식한 사람으로 만들어 줄 것이기 때문에 영어 학습은 중요하다.
15. 영어 능력은 일자리를 얻는데 도움이 되기 때문에 영어 학습은 중요하다.
16. 나는 영어를 배워야 하기 때문에 배운다.
17. 나는 다른 문화와 사람들을 더욱 잘 이해하기 위해 영어를 배운다.
18. 영어는 무용지물이므로, 필수 과정 이어서는 안된다.
19. 영어 학습은 내게는 시간 낭비이다.
20. 나는 영어를 배우라는 강요를 받기 싫다.
21. 나는 영어라는 과목에 매우 흥미를 가지고 있다.
22. 나는 영어 수업에서 배운 것들이 후에 다른 과목을 공부할 때 사용될 수 있다고 믿는다.

23. 나는 대학 입학 시험에 합격하기 위해 영어를 배운다.
24. 나는 가능하다면 해외 유학할 생각이기 때문에 영어 학습은 내게 중요하다.
25. 나는 영어 학습이 지루하다.
26. 나는 영어 학습이 매우 즐겁다.
27. 영어 능력은 내 사회적 지위를 높여줄 것이기 때문에 영어 학습은 내게 중요하다.
28. 나는 영어가 필수 과정이기 때문에 선택했다.
29. 나는 외국인들에게 나 자신을 표현하고 우리 문화를 소개하고 싶어서 영어를 배운다.
30. 나는 영어를 배우고 싶은 동기가 전혀 없다.
31. 나는 내가 학급의 다른 친구들보다 더 영어를 많이 공부한다고 믿는다.
32. 나는 영어 수업 시간에 배우는 것에 대해 항상 적극적으로 생각한다.
33. 나는 영어 수업 시간에 최대한 많이 답변한다.
34. 나는 다른 과목과 비교해 볼 때, 영어 공부를 가장 적게 한다.
35. 나는 영어 과제를 돌려 받으면 선생님의 평가 내용을 주의 깊게 살펴보고 실수한 부분은 다시 작성한다.
36. 나는 선택할 수 있다면 영어 숙제는 전혀 하지 않을 것이다.
37. 나는 졸업 후에 대학 진학을 하지 않는다면 즉시 영어 공부를 그만둘 것이다.
38. 나는 졸업 후에 대학 진학을 하지 않더라도 잘할 수 있을 때까지 영어를 꾸준히 공부할 것이다.
39. 나는 학교 외에 영어를 말할 기회가 있다면 최대한 많이 할 것이다.
40. 나는 영어 TV 방송이 있다면 최대한 많이 시청할 것이다.
41. 나는 더 어렵더라도 내 흥미를 유발할 수 있는 영어 교재를 선호한다.

42. 나는 영어 시험 성적이 좋지 않더라도 내 실수로부터 배울 수 있다.
43. 나는 영어 학습에서 협동보다 경쟁을 선호한다.
44. 하나는 어려우면서 흥미있고, 다른 하나는 쉽지만 지루한 2가지 영어 과제 중 하나를 선택하라면 나는 확실히 어려운 것을 선택할 것이다.

『단원 2』

45. 외국어 시험을 잘 볼 수 있는 주요 원인은 무엇인가?
    1) 똑똑해서
    2) 열심히 공부해서
    3) 운이 좋아서
    4) 시험이 쉬워서
    5) 선생님이 좋아서
46. 영어 학습에 지능이 얼마나 중요하다고 생각하나?
    1) 전혀 중요하지 않다
    2) 중요하지 않다
    3) 중간이다
    4) 중요하다
    5) 매우 중요하다
47. 영어 학습에 학습 전략이 얼마나 중요하다고 생각하나?
    1) 전혀 중요하지 않다
    2) 중요하지 않다
    3) 어느 정도 중요하다
    4) 중요하다
    5) 매우 중요하다
48. 영어 학습에 태도와 동기가 얼마나 중요하다고 생각하나?
    1) 전혀 중요하지 않다
    2) 중요하지 않다

3) 어느 정도 중요하다
4) 중요하다
5) 매우 중요하다

49. 다른 수업과 비교할 때 본인의 영어 점수가 어떻다고 생각하나?
    1) 매우 낮다
    2) 낮다
    3) 중간이다
    4) 높다
    5) 매우 높다
50. 다른 학생과 비교할 때 본인의 영어 성취도가 어떻다고 생각하나?
    1) 매우 낮다
    2) 낮다
    3) 평균이다
    4) 높다
    5) 탁월하다
51. 위의 항목에 포함되지 않은 것 중에 영어 학습과 관련하여 본인은 다른 어떤 동기, 생각 및 느낌을 가지고 있는가?

Investigations

5 한 명이나 다수의 학생들에게 위의 질문을 해 본다. 학생들과 답변을 검토한다. 동기와 언어 학습에 대해 어떤 것을 배웠는가? 반성적 읽기 일지(Reflective Reading Journal)에 의견을 기술한다.

6 어떤 것이 본인의 동기를 고취시키는 지 명시한다. 동기의 역할 논의를 목표로 해서 ESL/EFL 읽기 수업을 위한 수업 계획을 준비한다. 학생들과 이 중요한 주제에 대해 어떻게 접근할 것인가? 반성적

읽기 일지(Reflective Reading Journal)에 대한 의견을 기술한다.

7 수업에서의 동기의 역할에 대해 ESL/EFL 교사의 의견을 묻는다. 이 교사는 학생의 동기에 어떤 요인이 가장 큰 영향을 미친다고 생각하는가? 반성적 읽기 일지(Reflective Reading Journal)에 대한 의견을 기술한다.

Teachers' voices

Paul Hardin은 학급 학생들에게 제2외국어 읽기에서 동기가 하는 역할에 대한 그의 의견을 다음과 같이 알려주고 있다.

어휘, 이해도 및 전략 부분에서 내가 언급한 내용을 되돌아 볼 때, 나는 내가 이 모든 것들을 의사소통에 있어서 핵심적인 구성요소로 생각한다는 것을 깨달았다. 어휘가 없이 이해는 불가능하다. 이해가 없으면 의사소통이 제한되거나 잘못된 의사소통이 이루어진다. 전략이 없으면, 읽기는 즐거움이 아닌 쓸데없는 일이 된다. 동기가 없으면 위의 모든 것들이 무의미하게 된다. 동기가 낮으면, 이 세상의 모든 훌륭한 교육도 학생들을 독자로 만들지 못할 것이다. 내부적인 동기가 없으면 학생은 중립 상태의 자동차처럼 바퀴를 돌려도 아무 곳에도 갈 수 없게 된다. 어떻게 이 학생의 기어를 바꿀 수 있는가? 어떻게 우리는 중립상태에서 움직이도록 바꾸고 학생들이 학습을 받아들이고 달릴 수 있는 내부적인 욕망을 가지도록 할 수 있을까? 이것이 바로 내가 수업에 들어올 때마다 느끼는 어려운 문제이다.

때때로 해결책을 찾기가 쉽지 않다. 하지만 원인은 대체로 명확하다. 여자에게 교육은 중요성이 떨어지거나 전혀 중요하지 않다고 생각하고 있는 가정의 학생들. 가정의 수입을 늘리기 위해 방과 후, 주말 혹은 학교를 빠지고 일할 수 밖에 없는 가난한 가정의 학생들. 생존하기 위해서는 일해야 하는 고아 학생들 · 학생이나 가족을 위해서 부모가 바람직하다고 느껴서 어쩔 수 없이 친숙한 본국을 떠나 공부하는 외국 학생들. 매일 학대를 경험하거나 목격하는 불안한 가정의 학생들. 10대 초반으로 아직 어리지만, 미래를 예측하여 직업을 선택하도록 요구 받는 학생들. 대학을 입학할 실력이 안 된다고 느끼는 학생들. 졸업할 때까지 학교를 다닐 수 "있게 되어도" 대학에 갈 돈이 없어 가족 부양을 위해 일해야 한다는 것을 어린 나이에 깨달은 학생들.

이러한 것들은 학생들이 학습의 목적을 찾고자 할 때 부딪히는 장애물 중 일부에 불과하다. 학습에의 욕구는 있지만, 넘어야 할 현실의 산이 많은 학생들에게 너무도 크다. 학생들에게 최소한 이러한 현실에 저항할 수 있는 길을 보여주는 것이 내 임무가 되었다. 그리고 어떤 학습을 하기 전에 이것이 우선 성취되어야 한다. 학생들은 그 길을 떠올리고 장애물들을 넘어갈 안전한 길이 있다는 것을 깨달아야 한다. 이를 위해 우선 나는 매 학기 초에 학생들에게 가정 환경 조사를 실시한다. 나는 각 학생들과 학생들이 처한 상황에 대해 최대한 많은 정보를 얻는다. 그리고 이들을 학생으로서, 그리고 인간으로서 이해하기 위해 노력한다.

학교 내에서의 목표와 졸업 후 목표에 대해 면담을 한다. 대학에 진학할 수 없는 이유와 학교에서 부진할 수 밖에 없는 이유에 대해 학생 앞에 놓여진 각각의 장애물에 대해 나는 목표를 달성할 수 있는 근거를 가지고 설명해 준다. 나는 처음부터 학생들에게 자신감을 불어넣기 위해 노력한다. 이 개념을 공식화하기 위해 나와 학생 간에 계약서를 작성하고 사인한다.

이 계약서에서 나는 학생들에게 이 학기 동안 목표 달성을 위해 필요한 기술을 제공해 줄 것에 동의한다. 학생들은 이 목표를 위해 노력하면 성공할 수 있다는 믿음을 갖기로 동의한다. 이것이 시작이다. 이것이 즉각적인 동기를 제공하지는 않는다. 일부 학생들에게는 이것은 또 다른 깨어버릴 약속에 불과하다. 다른 학생들에게는 어른들이 지키지 않는 또 다른 약속에 불과하다.

내 다음 임무는 학생들의 목표와 흥미와 관련된 수업을 제공하는 것이다. 각 수업에서 학생들은 수업이 그들에게 중요하다는 것을 깨닫고 각각의 과제를 할 때 자신감을 느낀다. 이 시점에서 자신감 형성이 중요하다. 학생들은 자신들에게 중요한 가치와 계약 내용을 발견하게 되지만, 학생들이 혼자일 때 과제에 대해 불편하게 여기면, 계속하고자 하는 욕망은 사라진다.

나는 학기 내내 학생들이 교실에서 편안하게 느끼도록 하는 활동을 활용했다. 이러한 편안함과 자신감에서 위험을 감수하려는 동기가 나오고 이것이 결국 학습으로 연결된다. 학생들이 새로운 학기를 시작할 때 서로에 대해 더 많이 이해할 수 있도록 나는 학생들이 인지 구축 연습에 참여하도록 한다. 학생들에게 원을 만들어 서고, 공통점이 없다고 생각하는 사람을 지정하도록 한다. 활동이 지속되는 동안 이 사람은 비밀로 유지된다. 그리고 나서, 교실의 각 코너를 글자(A, B, C, D)로 명시한다. 이 활동에서 학생들에게 공통점이 없다고 생각하는 사람을 비밀 짝으로 계속 기억하도록 한다. 그리고 나서 학생들에게 다양한 주제에 대해 물어보고 좋아하는 것, 싫어하는 것, 혹은 신념에 따라 적절한 코너로 가도록 한다. 예를 들어 다음과 같은 질문을 준다.

강아지 키우기를 좋아하면 A로 간다. 고양이 키우기를 좋아하면 B로 간다. 좋아하는 애완 동물이 없으면 C로 간다. 주위를 살펴보아 비밀 짝을 찾아보아라. 그 사람이 어떤 글자에 서 있는 지 마음속으로 기억한다.

연주하는 악기가 있으면 B로 간다. 연주하는 악기가 없으면 A로 간다. 악기를 연주하길 원하면 C로 간다.

다양한 주제에 대한 10~15개의 질문을 들은 후, 학생들에게 비밀 짝과 같은 그룹에 속하지 않은 적이 얼마나 많은지 물어본다. 한 그룹에 있었던 적은 몇 번인가? 2번인가 혹은 3번 이상인가? 이 때가 되면 학생들은 자신들에게 얼마나 많은 공통점이 있는 지, 다른 학생들이 특정 주제에 대해 어떻게 느끼는지 알게 된다. 학생들은 더 이상 고립되었다고 느끼지 않는다. 그리고 교실 내에서 다른 학생들과 교류하고 편안함을 느끼기 시작한다.

대답하거나 정보를 공유하는 등의 위험을 피하려는 학생들을 이끌어내는 다른 활동이 TPR(Total Physical Response)이다. 이 활동에서는 질문을 하고 답을 안다고 생각하는 사람들은 모두 주먹을 쥔다. 교사는 주먹을 쥔 경우 질문에 답변해야 할 수도 있다는 것을 모든 학생들이 이해하도록 한다. 그리고 질문에 한 학생이 자발적으로 답변하도록 한다.

조용한 학생들이 두려워하지 않고 활동에 참가한다. 이 학생들은 정확한 답이나 자신의 답변이 옳은지 그른지를 알고 즉각적인 피드백을 받으며 어떠한 위험을 느끼지 않고 활동에 참여한다. 학생들의 편안함과 자신감은 증가하고 참여에 대한 두려움은 줄어든다. 학생들은 참여 동기 및 다른 이들로부터 배우고자 하는 동기가 고취된다.

학생들이 다른 정보를 사용하여 답변하거나 자신이 이해한 것을 표현할 수 있도록 하는 것은 학생들의 동기 고취에 또한 중요하다. 어떤 학생들은 그림이나 기타 미술 등의 형태를 통해 답변하는 것을 더욱 편안하게 느낄 수 있다. 다른 학생들은 연극을 통해 답변하거나 답변과 이해한 것을 표현하기 위해 동작을 사용할 수 있다. 대안적인 학습 및 정보의 형태를 수용함으로써 학생들의 편안함과 자신감을 늘려주어 결국 동기를 고취할 수 있게 된다.

교실의 구조를 바꾸는 것도 도움이 된다. 학생들에게 읽을 주제를 정하고 읽기 교재와 자신의 경험간의 연관성을 표현하도록 하며, 읽기 수업을 학생들의 배경 지식과 관련시키면 새로운 학습 경험을 강화하고 학습 환경에 대한 학생들의 자신감을 높일 수 있다. 학생 개개인의 흥미와 목표와 관련된 자료를 선택하면 동기를 더욱 고취시킬 수 있다.

나는 동기 고취의 가장 효과적인 수단 중 하나가 학생들에게 교재 이해를 위한 전략을 사용하는 방법을 알려주는 교육 방법이라는 것을 깨달았다. 전략은 읽기 과제를 위한 목표를 제공하고 성공적으로 교재를 읽을 수 있는 가능성을 높여서 기대되는 노력을 줄인다.

Investigations

8 Paul이 제시한 내용에 대해 생각해 본다. 그의 경험은 본인의 경험과

유사한가, 혹은 다른가? 읽기 수업과 동기의 역할과 관련된 그의 경험들 가운데 본인의 교수법에 적용하길 원하는 것이 있는가? 반성적 읽기 일지(Reflective Reading Journal)에 의견을 기술한다.

9 108-109페이지에서 Paul이 설명한 것과 같은 비밀 짝 활동을 만들어서 수업 시간에 시도해 본다. 학생들이 이 활동에서 무엇을 배우는가? 학생들에 대해서는 무엇을 배웠는가? 반성적 읽기 일지(Reflective Reading Journal)에 의견을 기술한다.

Frameworks

동기와 읽기 속도

읽기 속도 향상(p.59) 단원의 Nuttall의 악순환 모델에 대한 논의로 돌아가 보자. 그녀의 선순환 모델은 빨리 읽기가 독자로 하여금 더욱 많이 읽도록 한다고 시사한다. 다독은 이해도 증가로 이어진다. 이해도 증가는 읽기 속도 향상으로 이어진다. 읽기를 더욱 잘 할수록 더욱 더 많은 동기를 얻게 된다.

Investigations

10 이제까지 소개한 교수 체제의 모든 요소에 대해 생각해 본다. 여기에는 이전 지식의 활성화, 어휘 증강, 이해도 향상을 위한 교수법, 읽기 속도 향상, 전략 확인 및 학습 과정 평가가 포함되어 있다. 교사로서의 동기가 읽기 수업에서 이러한 요소들에 대한 접근 방법에 어떻게 영향을 미치는가? 학생들의 동기가 이 요소들에 대한 접근 방법에 어떻게 영향을 미치는가? 이 각각의 요소와 동기 사이에는 어떤 관계가 있는가?

맺음말

동기와 성공을 운과 동일시할 수 없다. 삶을 살아오면서, 우리의 계획이나 욕망이 실현되지 않을 것처럼 보이는 중요한 순간들이 있다. 우리의 상황을 세심하게 살펴보고 낙관적인 생각을 유지하도록 노력하면서 문제를 해결할 수 있는 방법을 찾으면, 성공을 이룰 수 있다. 이 열쇠는 교사나 교재가 아닌 개인이 쥐고 있다. 읽기 교사로서 우리들은 환경 자체가 낙관적인 생각을 가져올 수 있도록 최선을 다해야 하지만, 학습자의 자기 동기 부여에 대한 책임까지 질 수는 없다. 학습자들 스스로 읽기 수업에서 원하는 것이 무엇인지 결정하고 목표를 달성하기 위해 필요한 것을 확인해야 한다. 읽기 교사로서 우리는 이들의 과정을 도와줄 수 있다.

추천도서

나는 동기의 역할과 언어 학습을 연구하는 모든 사람들에게 4가지의 중요한 논문이 흥미가 있을 것이라고 생각한다. 우선 Garner 및 Lamber의 고전인 "언어태도와 언어학습(Language Attitudes and Language Learning)"(1982)이 있다. 이 연구는 초심자들이 이 주제를 더욱 자세히 이해할 수 있도록 해주는 훌륭한 작품이다.

1991년 Graham Crookes와 Richard Schmidt는 "동기 : 연구의 지평을 연다(Motivation: Reopening the Research Agenda)."라는 논문을 발간했다. 이들은 이 주제에 대해 수년간 침묵을 지킨 끝에 비로서 동기라는 문제를 살펴보기 시작했다.

Dornyei는 1994년 「현대 언어 저널(*The Modern Language Journal*)」에 "외국어 수업의 동기와 동기 부여(Motivation and Motivating in the Foreign Language Classroom)", "제2외국어 동기부여의 이해 : 의욕을

가지고(Understanding L2 Motivation : On With the Challenge).”라는 2개의 탁월한 논문을 발표했다. 그의 접근 방법은 동기 부여를 이해하기 위한 귀중한 내용을 제시하고 있으며 교사와 학습자의 요구사항을 더욱 잘 충족시키기 위해 우리가 나아가야 할 길을 제시하고 있다.

제 9 장

전략 8 : 학습 계획과 적절한 읽기 교재 선택

Teachers' voices

내 생애에 나는 스케이트를 타본 적이 몇 번 없다. 나는 TV에서 동계 올림픽 시청을 즐기고, 스케이트 선수들이 훌륭한 기술로 편안하게 빙판을 달리는 것을 보곤 한다. 선수들은 스케이트를 너무나 쉽게 탄다!

어렸을 때 몇 번 스케이트를 타볼 기회가 있었다. 집에서 멀지 않은 곳에 호수가 있었는데 겨울에는 스케이트장으로 이용되곤 했다. 어느 해인가, 크리스마스 선물로 저렴한 스케이트화를 선물로 받았다. 발목을 적절하게 죄도록 스케이트화 끈 매는 법을 즐겁게 배웠었다. 처음 몇 분간 스케이트를 타고 나서 얼마나 피곤했는지 기억이 난다. 재미는 있었지만 동시에 피곤하다고 느꼈었다.

성인이 되고 나서, 나는 외국 학생들과 스케이트 여행을 갔었다. 일부 학생들이 너무나 손쉽게 얼음을 지치고 나간다고 느꼈던 것이 생각난다. 다른 학생들은 어렵게 스케이트를 타고 있었다. 천부적인 재능이 있는 것 같이 보이는 한 학생에게 가르쳐달라고 부탁했다. 그는 타는 방법을 설명하는 것을 더욱 힘들어 했다. 스케이트는 그에게는 자연스럽게 배워진 것처럼 보였다. 그 학생들은 수업 시간에 부진한 학생들에게 내가 해주던 조언을 내게 해주었다. 그 스케이트 여행에서 나는 더 오래 스케이트를 탈수록 더욱 편안하게 느꼈던 것으로 기억한다. 연습하는 사람이 더 큰 발전을 경험할 수 있다.

Frameworks

어떤 읽기 교사들은 너무나 쉽게 가르치는 것처럼 보인다. 너무나 부드럽게 진행하고 한 단원에서 다른 단원들로 순조롭게 넘어간다. 교사가 수업을 힘들게 하는 학급을 본 적도 있다. 스케이트 배우기처럼, 읽기 수업을 계획하고 실행하는 것을 배우는 데도 훈련이 필요하다. 훈련과 시간 투자를 통해서 현저한 발전을 이룰 수 있다.

수업 계획에 영향을 미치는 요인들

수업 계획 과정에서 내가 참고로 하는 몇 가지 주요 원칙들이 있다. Aebersold 및 Field(1997, pp.188-191)는 읽기 학습 계획에 영향을 미치는 5가지 요소를 다음과 같이 제시했다.

- ◆ 시간
- ◆ 발전 경과
- ◆ 학생 그룹과 협동 학습
- ◆ 다양성
- ◆ 학생들의 요구사항, 흥미, 능력

읽기에 분배할 시간을 아는 것, 그리고 이미 가르친 것과 가르칠 것을 아는 것은 교사가 집중해야 하는 2가지 중요한 요소이다. 단체 활동과 협동 학습에 학생들을 참여시키겠다는 결정을 하려면, 이러한 활동의 경쟁적인 특성상 시간 배정에 대해 세심하게 생각해 보아야 한다. 다양성도 고려해야 할 요소이다. 학습자들이 읽는 자료의 종류 뿐 아니라 다루게 될 기술과 전략의 종류에 있어서 다양성을 누릴 수 있도록 해야 한다. 마지막으로 학생들의 요구사항, 흥미, 능력에 대한 고려는 자료 선택에 큰 영향을 미친다. 이러한 측면은 이 장 마지막 부분에 언급할 것이다.

Investigations

1 Aebersold와 Field가 제시한 2가지 요소를 검토한다. 읽기 수업 계획에 영향을 미치는 다른 요소를 찾을 수 있는가? 동료 교사들과 이 요소들에 대해 논의한다. 반성적 읽기 일지(Reflective Reading Journal)에 의견을 기술한다.

Frameworks

수업 계획의 부분들

나는 "비디오를 통한 교사 훈련 시리즈(Teacher Training Through Video series)"(Savage, 1992)의 수업 계획 자료들로부터 많은 영향을 받았다. 이 자료에서 수업 계획에 대해 제시된 정보에 기초하여 읽기 수업을 계획할 때 다음의 8개 영역의 질문을 검토한다.

1. 교육 목적 : 이 수업을 통해 학생들이 어떤 읽기 기술과 전략을 사용할 수 있게 되기를 원하는가?
2. 학습 자료 : 이 수업을 실시하기 위해 어떤 읽기 교재와 부교재 및 자료를 필요로 하는가? 선택한 읽기 자료는 수업에서 내가 집중하고 싶은 기술이나 전략의 자연스러운 사용이 가능하게 하는가?

3. 준비/검토 : 오늘 수업과 이전 수업을 어떻게 관련시킬 수 있는가, 그리고/혹은 앞으로 수업을 어떻게 준비해야 하는가?
4. 새로운 수업 소개 : 오늘 수업 목표를 어떻게 소개할 수 있는가?
5. 제시 : 학생들이 습득하기를 원하는 읽기 기술/전략을 어떻게 제시할 수 있는가?
6. 연습 : 학습자들이 새로운 읽기 기술/전략을 연습할 수 있는 다양한 방법을 어떻게 제공할 수 있는가?
7. 평가 : 목표가 달성되면 어떻게 알 수 있는가?
8. 적용 : 교실 밖에서의 읽기 기술/전략에 어떻게 학생들을 참여시킬 수 있는가?

이러한 질문들이 나의 읽기 수업 준비에 영향을 미친다.

Investigations

2 읽기 수업을 계획할 때 어떠한 문제를 고려하는가? 위의 문제와 본인의 문제간에 어떤 유사성이 있는가?

3 관찰 학급을 선택한다. 관찰에 앞서 교사를 만나 관찰 수업 시간의 수업 계획 내용을 검토한다. 교사에게 어떻게 계획을 만들었는지 질문한다. 계획이 문서로 작성되었는가? 계획이 얼마나 구체적인가? 그리고 학급을 관찰한다.

4 **3**을 마치고 관찰을 한 후에 교사와 추후 면담을 실시한다. 계획과 실시 후에 어떤 변화가 생겼는가? 어떤 요소가 계획에 변화를 주었는가? 관찰한 수업이 그 학급의 다음 수업 준비에 어떤 영향을 미칠 것인가?

Frameworks

자기 성찰 평가

읽기 교사로서 나에게 매우 유익했던 한 실험은 읽기 수업 뒤에 한 자기 성찰 평가(self-reflective evaluation)였다. 때때로 자기 평가가 더욱 조직적이다. 그리고 나는 내가 원하는 데로 수업이 진행되지 않았을 때, 수업이 더욱 조직화되는 것을 발견했다. 어렵게 수업을 마치고 나면 나는 즉각 수업 계획을 앞에 놓고 앉아서 어떤 부분이 제대로 이루어 지지 않았고, 그 이유는 무엇인지 기록한다. 미래에 이 수업을 다시 한번 하게 될 기회가 생기리라는 것을 알고 있기 때문에 이런 기록을 한다. 이것은 또한 내가 바로 다음 수업을 준비하는 데 도움을 주어 수업을 준비하기 위해 어떻게 검토하고 준비해야 할지를 알게 해준다. 내가 교실을 떠나 사무실로 돌아 올 때 대부분 내 수업에 대한 자기 성찰을 하게 된다. 때때로 성공 요인을 마음속으로 검토하는 것 만으로도 미래 수업에 도움이 된다.

Investigations

5 수업 후에 자기 성찰을 하는가? 한다면 어떻게 하는가? 이러한 자기 성찰이 수업이 도움이 되는가? 된다면 어떻게 되는가? 안 된다면 이유는 무엇인가?

Frameworks

학생들의 요구사항과 흥미 분석

Eskey(1986)는 "모든 읽기 교사에게 가장 큰 걱정 거리는 학급 학생들이 흥미롭게 읽을 수 있는 읽기 교재를 찾고, 만들고, 최대한 학생들이 이해하기 쉽도록 만드는 것이다(p.4).” 이 과제는 어렵지만, 학생들의 흥미를 이해하는 교사들에게는 할 수 있는 일이다. Aebersold와 Field가 제시한 5번째 요소를 상기해 보라. 그것은 학생들의 요구사항과 흥미 그리고 능력을 파악하는 것이다. 이것들이 교실에서 읽기 교재를 선택할 때 고려해야 할 중요한 요소이다.

Investigations

6 현재 읽기 수업을 가르치고 있다면, 교재 선택에 어떤 기준을 적용하는가? 반성적 읽기 일지(Reflective Reading Journal)에 기준들을 열거한다.

7 다음 중 적절한 읽기 교재를 선정할 때 사용하는(사용해야 한다고 생각하는) 기준은 무엇인가? 반성적 읽기 일지(Reflective Reading Journal)에 의견을 기술한다.

- 교육 과정의 목표와 목적
- 학생들의 구체적인 요구사항과 흥미
- 교재의 출판사와 작가가 추천한 수준
- 학생들의 읽기 수준
- 교재가 픽션인가, 논픽션인가
- 교재가 읽기에 대한 기술적 접근 방법에 근거한 것인가
- 교재가 읽기에 대한 전략적 접근 방법에 근거한 것인가
- 교재를 신뢰할 수 있는가
- 교재가 ESL/EFL 학습자를 위해 수정되었는가
- 교재가 언어의 구조에 대해 설명하고 있는가
- 교재가 자연스러운 상황에서 어휘를 설명하고 있는가
- 교재가 학술 서적에 근거하고 있는가

8 읽기 과정을 가르치고 있는 교사와 이야기해 본다. 적절한 읽기 교재를 선택할 때 어떤 요소를 사용하는가? 반성적 읽기 일지(Reflective Reading Journal)에 의견을 기술한다.

9 이 시점에서 만든 기준 목록을 비교한다(현재 읽기 교사를 하는 경우, 이미 사용하는 기준, 본인의 생각이 중요한가, 다른 읽기 교사는 기준으로 어떤 것을 사용하는가). 목록의 유사성을 발견할 수 있는가? 반성적 읽기 일지(Reflective Reading Journal)에 발견한 내용을 기술한다.

Frameworks

교재 평가를 위한 고려

Nuttall (1996, pp.170–176)은 읽기 능력 개발을 위한 교재 평가 기준 3가지를 열거했다. 그것은 상황의 적절함, 이용 가능성, 그리고 재미있게 읽을 수 있는가이다. 그녀는 각 기준에 대해 고려해야 할 분야를 제안했다. 상황의 적절함에 대해서 그녀는 읽기 교사들에게 2가지를 환기시킨다. 그 하나는 학생들이 좋아하는 것을 확인하는 것이고 다른 하나는 교실 학습을 위한 교재 선택이다. 동기의 역할과 교실에서 읽기 학습을 위한 교재 선정에 대해 이전 장에서 논의한 개념을 상기시켜 보자. 다음으로 Nuttall은 교재의 이용 가능성에는 읽기 수업의 목적, 읽기 기술의 통합, 실생활 목적의 장려 등이 포함된다고 시사했다. 마지막으로, 재미있게 읽을 수 있는가를 고려해야 할 기준으로 제시하면서, Nuttall은 읽기 교사가 학생의 수준을 평가하고 교재에 얼마나 많은 새로운 어휘가 소개되었는지를 고려하며, 구문의 문장 구조의 난이도를 분석하고, 마지막으로 교재를 얼마나 재미있게 읽을 수 있는지 확인해 볼 것을 권하고 있다.

사실상 이 모든 요소들은 읽기 교사가 교실에서 사용할 읽기 재료와 교재를 선택하는 교사의 결정에 영향을 미칠 수 있다. 이러한 변수의 적절한 조합은 교사들에게 적절한 결정을 하는 데 필요한 정보를 제공한다.

1957년 E.A.Betts는 "읽기 교육의 기본(Foundations of Reading Instruction)"이라는 책을 발간했다. 이 책에서 그는 학급과 개별 읽기 수업에 맞게 적절한 책을 선택했는지 판단하는 데 교사들이 사용하는 일반적인 지침을 설명했다. 40년 전에 출판된 이러한 지침들은 여전히 읽기 교사들에게 귀중한 도움을 제공하고 있다. Betts는 4단계의 읽기를 설명했다. 4단계는 기본 단계(Basal level), 학습 단계(Instructional reading level), 좌절 단계(Frustration reading level) 및 능력 단계(Capacity level)이다. 이러한 단계를 살펴보고, 이러한 정보가 제2외국어 읽기 교사에게 어떻게 도움을 줄 수 있는 지 확인해 보자.

기본 읽기 단계

기본 읽기 단계는 독립적인 읽기 단계이다. 독자는 교사의 도움 없이 교재를 읽을 수 있고 교재에 큰 흥미를 보여야 한다. 독자는 기본 단계 교재를 읽을 때 90%를 이해할 수 있어야 한다. 읽기 속도를 향상시키려고 할 때 교사들이 사용하기에 바람직한 읽기 교재가 이 수준이다. 속도를 향상시키고자 할 때는 어려운 교재를 선택하면 안 된다. 또한, 새로운 읽기 기술이나 전략을 소개하고자 할 때 사용할 수 있는 단계의 교재이다. 새로운 읽기 기술을 성공적으로 연습할 수 있는 경험을 학습자들이 얻어야 하므로, 초기 단계에는 교재가 쉬워야 한다. 또한 광범위한 읽기 교재를 사용할 경우 난이도가 이 단계이어야 한다고 제안한다. 학습자들이 유창한 읽기 경험을 가지길 원하면, 기본 단계 읽기 교재를 이용해야 한다.

학습 단계

학습 단계를 Betts는 "교육 단계"라고 부른 바 있다. 학습자들은 학습 단계 교재를 사용할 때 75%를 이해할 수 있어야 한다. 이것은 읽기 기술을 연습할 때 적절한 난이도이다. 새로운 전략을 소개하고 연습을 한 후에, 더욱 어려운 연습을 위해 교재의 난이도를 학습 단계까지 올릴 수 있다.

좌절 단계

좌절 단계는 우리가 피해야 할 단계이다. Betts는 이 단계의 읽기 교재는 너무 어려워서 학습자를 좌절시킨다고 설명했다. 50%도 이해하지 못하면 이 교재는 좌절 단계 교재이다.

능력 단계

Betts가 제시한 능력 단계는 교사가 크게 읽는 교재를 학습자가 듣는 단계이다. 나는 대부분의 교사들이 이해가 표현보다 선행한다는 데 동의할 것이라고 생각한다. 일부 독자들은 개개인의 읽기 단계보다 높은 단계에서 교사들이 읽어주는 교재를 듣고 이해할 수 있을 것이다.

내가 종종 사용하는 Betts 체제의 적용 방법은 학급 학생들로 하여금 도서관에 가서 읽을 소설을 선택하도록 하는 것이다. 나는 제목을 보고 우선 책을 선택하라고 제안한다. 책을 선택한 후에 아무 페이지를 열어 읽으라고 제안한다. 새로운 어휘가 나올 때마다 손가락을 하나씩 들어야 한다. 페이지 길이에 따라, 만일 10개의 손가락을 모두 들어올리면, 이 교재의 수준은 학생의 현 읽기 수준보다 높은 것이다. 그러면, 다른 책을 선택하여 다시 시도한다. 위와 같은 이해 정도와 관련된 Betts의 방법을 사용하여 나는 기본 및 학습 단계의 책을 이용하고 좌절 단계의 책은 피할 것을 제안한다.

Investigations

10 다양한 난이도의 책을 몇 권 선택하여 적절한 수준의 책을 선택하기 위해 Betts의 방법을 적용한다. 제2외국어 독자와 함께 어떤 책이 기본 단계이고/혹은 학습 단계인지 확인한다. 이러한 탐구로부터 어떤

것을 배웠는가? 반성적 읽기 일지(Reflective Reading Journal)에 의견을 기술한다.

Frameworks

교재의 유연한 사용

오랜 기간 동안 나는 수업에서 사용할 읽기 구문을 선택하는 기술을 개발시켜 왔다. 중요한 것은 내가 사용할 교재를 다른 사람들에게 선택하게 하지 않고, 교사인 내가 그 선택을 하는 것에 있다. 내가 가르쳤던 모든 프로그램에서는 지정된 교재가 있었다. 이는 아마도 전세계 ESL/EFL 교사들 대다수에게 해당될 것이다. 나는 교재 내에서 사용할 단원을 선택할 수 있는 재량을 가지고 있고 수업에 사용할 보조 구문들도 재량에 맞게 선택할 수 있었다.

일부 교사들은 교재를 1장부터 10장까지 단순히 차례대로 하고 구문의 사용에 대해서는 생각조차 하지 않는다는 것을 알고 있다. 어떤 교사도 교재 저자의 접근 방법을 그대로 따라야 하는 것은 아니다.

Investigations

11 읽기 교사와 수업에 사용하는 교재에 대해 이야기한다. 교사는 교재 선택 시에 어떤 노력을 하는가? 교사는 지정된 순서로 교재내의 모든 단원을 다루어야 하는가? 교재 내의 어떤 단원을 다룰 지 선택하는 데 교사는 어떤 재량권을 가지는가? 지정 교재를 보완할 수 있는 재량을 교사가 가지고 있는가? 이 관찰에서 어떤 것을 배웠는가? 반성적 읽기 일지(Reflective Reading Journal)에 의견을 기술한다.

Frameworks

신뢰할 수 있는 교재의 역할

신뢰할 수 있는 교재 문제를 잠시 다루어보자. 교사들은 읽기 수업에 사용할 교재의 종류를 생각해 보아야 한다. Nutall(1996)과 Wallace(1992)는 신뢰할 수 있는 교재 선택은 읽기 학습에 매우 중요하다고 언급했다. 신뢰할 수 있는 교재는 종종 제2언어 학습자가 아닌 원어민을 대상으로 집필된 것을 의미하기도 한다.

나는 교재 그 자체의 신뢰성보다는 교재 사용의 신뢰성에 중점을 두어야 한다고 생각한다. 초급 단계의 학습자들의 경우 많은 경우에 학급의 읽기 수준에 맞추어 교재를 수정해야 할 필요가 있다. 때때로, 신뢰할 수 있는 교재만을 사용해야 한다고 제안하는 "전문가"들의 너무나 많은 조언을 들어왔기 때문에 이러한 수정을 하는 것에 죄의식을 느낀다. 나는 이 죄의식을 없애 줄 해결책에 도달했다. 학생들의 읽기 수준에 맞게 교재를 수정해야 한다면, 나는 그렇게 할 것이다. 그러나 나는 항상 교재를 신뢰할 수 있는 적절한 방법으로 사용하도록 하고 있다. 만일 초급 단계 학습자가 학습 과정의 교육적 목표의 중점이 되는 읽기 기술이나 전략을 공부하고 읽기 학습에 사용하는 것을 보면, 나는 내가 읽기 기술을 적절하게 구축하고 있다는 것을 느끼게 된다. 수정한 교재를 사용한 후에, 학습자들이 구문을 적절하게 사용하지 않는다는 것을 발견하면, 나는 읽기 수업의 목적을 달성하기 위해 교재를 어떻게 더 수정해야 하는 지를 생각한다. 일부 읽기 전문가들은 수정된 교재의 사용을 피하도록 제안하고 있지만, 나는 학생들의 요구사항에 맞도록 교재를 적절하게 사용하는 방법을 고려해야 한다고 제안한다.

Investigations

12 수정된 교재를 사용해 본 적이 있는가? 이 경험은 성공적이었는가? 그 이유는 무엇인가? 수정된 교재를 사용한 읽기 과제의 신뢰성을 고려해 본 적이 있는가? 수정된 교재로 신뢰할 수 있는 과제를 해 본 적이 있는가? 반성적 읽기 일지(Reflective Reading Journal)에 의견을 기술한다.

Teachers' Voices

나는 적절한 교재를 선택하는 것이, 특히 IEP 프로그램을 가르칠 때 매우 어렵다는 것을 깨달았다. 내가 직면했던 한 가지 문제는 한 교실에 다양한 학생들의 수준과 전공이 섞여 있는 것이다. 한 학급에 교육을 전공한 석사 졸업생과 스포츠 관리를 전공하는 학부생이 섞여 있기도 했다. 확실히 이 학생들은 서로 매우 다른 요구 사항과 기대를 가지고 있으며, 나는 한 학급내의 모든 학생들의 흥미를 유지하는 것이 매우 어렵다고 느꼈다.

가장 처음 직면했던 어려움이 교재 선택이었다. 나는 다행히도 몇 가지 우수한 교재들을 사용할 수 있었으나, 다른 교재들은 형편없었다. 사용할 교재를 선택할 권한이 없다면 최선의 선택 방법은 자신만의 부교재 및 자료 도서관을 구축하는 것이다. 나는 신문과 다양한 잡지에서 기사를 오려냈다. 나는 뉴스에 실리는 흥미로운 주제에 집중하고 같은 주제에 대해 다양한 출처로부터 여러 개의 기사를 수집하는 것을 좋아한다. 그리고 나서 학생들에게 이들 기사를 읽고 내용과 문체 면에서 비교해 보도록 한다. 나는 뉴스에 있는 주제이지만 동시에 학술적인 원리와 연관이 있는 주제를 종종 고른다. 예를 들어, 한 학기 나의 수업 중, 과학 전공하는 학생들이 많이 있었는데, 그 당시 뉴스 거리였던 복제 관련 기사를 수집했다. 또한 학생들에게 그 주제에 대한 자신만의 기사를 가져오도록 했다. 이 주제는 과학 전공 학생들 뿐 아니라, 읽기가 끝나고 이루어진 윤리적인 토론에 참여하기를 즐긴 다른 학생들에게도 매우 흥미로웠다. 이러한 방식으로 모든 사람들에게 어필하는 부교재를 찾아내는 것이 교사들이 직면하는 가장 어려운 과제 가운데 하나이다.

또 다른 문제는 많은 학생들, 특히 대학원 학생들은 학술적인 분야에만 집중하기를 원한다는 것이다. 비록 나는 이것이 매우 중요하다고 느끼지만, 14개의 다른 전공을 가진 학생들이 섞여있는 학급에서 이와 같이 하는 것은 어렵다. 나는 특히 수업 외 과제에서 학생 각 개인의 전공에 중점을 두고자 노력했다. 나는 학생들에게 전공 분야의 학술 저널의 기사를 가져오도록 하였다. 그리고 나서 본문을 컴퓨터로 스캔하여, 학생들이 학술 자료에 대해서도 읽기 속도 향상과 같은 다양한 읽기 활동을 실시할 수 있도록 했다.

자신들의 내용을 선택하게 되어, 학생들은 본인의 학습에 대한 통제권을 갖게 되고 수업은 더욱 개인화된다. 자료를 읽은 후에 학생들은 읽은 내용을 구두 혹은 서면으로 요약한다. 이 활동은 전공 공부를 할 수 없고 영어만 공부해야 하는 데에 대해 실망한 IEP 프로그램 학생들에게 효과가 있었다. 반면 단점은 교사가 학생들이 선택한 자료에 친숙해야 할 필요가 있기 때문에 많은 노력이 필요하다는 것이다. 나는 DNA 구조나 교량 설계와 같은 다양한 주제에 대한 기사를 읽었기 때문에 제대로 이해하려면 사전의 도움이 자주 필요했다. 하지만, 긍정적인 측면은 이 방법을 사용해서 내가 학생들이 전공 수업에서 어떤 교재들과 만나게 되는지 파악하게 되었고 학생들은 바로 전공 공부를 시작할 수 있는지를 결정할 때 자신의 능력을 더욱 현실적으로 이해하게 되었다는 것이다. 또한 학생들에게 기사를 교환하여 다른 분야의 기사를 읽도록 했기 때문에 이 방법은 학생들에게 자신의 지식을 보여줄 수 있는 기회를 제공하게 된다. 그리고 나서 학생들에게 원래 기사 취합자와 짝을 지어 어려운 개념을 학급 전체에 설명하도록 한다. 이렇게 함으로써, 학생들은 서로를 영어를 잘 못하는 사람으로써만 파악하는 대신 서로의 전공 공부에서의 강점을 이해하게 된다.

이 책에 제시된 것과 마찬가지로, 읽기 교재의 선택은 교사 자신이 해야 한다. 각각의 교사나 학생들에게 가장 효과적인 교재를 정확하게 선택하기 위해 어떤 요소를 사용해야 하는 지는 말할 수 없다. 기본적으로, 학생들이 더 많이 읽을 수 있도록 모든 다양한 자료를 사용할 것을 권하고 싶다. 나는 교재나 저널 기사와 같은 일반적인 자료와 함께 헤어스타일 잡지에서 자동차 잡지까지 여러 기사를 사용했다. 학생들도 영어 공부를 단순히 학술적인 경험 뿐 아니라 즐거움의 원천으로 이해할 수 있도록 격려해야 한다.

Investigations

13 책의 설명 내용 그대로 교재 활동을 따라하는가? 교재를 다른 읽기 자료로 보완하는가? 신뢰할 수 있는 교재를 사용하는가? 신뢰할 수 있는 읽기 과제를 사용하는가? 반성적 읽기 일지(Reflective Reading Journal)에 의견을 기술한다.

Teachers' Voices

이제 Carolyn의 이야기를 들어보자. 그녀는 Pre-K-12(12학년 미만) 학생 지도 경험으로 제2외국어 학습자를 위해 적절한 읽기 교재를 선택하는 데 사용하는 기준을 개발할 수 있었다.

나는 항상 교사와 직원들에게 ESL 학생들을 위해 다양한 교재를 선택할 것을 제안한다. 학생들이 읽고 싶어하게 하려면 교재는 흥미롭고 동기를 유발해야 한다. 우리는 고전적인 만화책, Steck Vaughn의 챕터북(chapter book), "Dollar Stores"의 고전 서적, SRA 읽기 실험실

(Reading laboratory), 전기, 과학 논픽션 자료 등을 다루었다. 모든 자료는 다소 어려워야 하지만, 모든 단계의 학생들이 성공적으로 읽을 수 있어야 한다. 교사들은 다양한 자료 뿐 아니라 다양한 수준의 자료를 포함하는 도서관을 만들어야 한다. 중학교 수준에서는 자료가 읽기에 적절하고 연령에 맞아야 한다. 한때 나는 8학년 학생들에게 Dr. Seuss의 "Hand, Hand, Finger, Thumb"을 사용하여 읽기 예측 기술에 대한 전체 수업을 하려는 교사를 본 일이 있다. 학생들에게 교재가 적절한 지를 잘 살펴야 한다. 그렇다, 이 책은 읽기에는 적절한 수준일 수는 있으나, 그 연령대의 학생들에게는 동기를 부여하거나 적합하지 않다. 많은 출판사들이 중학생을 위한 어렵고도, 재미있고 신나는 훌륭한 읽기 교재를 개발하고 있다.

초등학교 수준에서, 더 어린 학생들이 읽고 즐길 수 있도록 새로운 챕터북(Chapter book), 과학 논픽션 자료, 전기가 출시되고 있다. 초등학교 학생들을 위한 주제가 있는 훌륭한 책들, 그리고 한 가지 주제에 대해 픽션, 논픽션 책이 모두 출판된다. 학생들은 다른 읽기 기술을 사용하여 두 개의 다른 종류의 읽기를 할 수 있는 기회를 갖게 된다. 또한 한 특정 주제에 대해 광범위하게 독서를 할 수 있게 된다. 중학교 교사들은 또한 이 학생들의 연령에 맞는 읽기 교재의 적절성에 주의해야 한다. 나는 한 책 판매원이 행성과 관련된 책 시리즈와 다른 과학 도서가 성인 ESL 학습자에게까지도 매우 적절하다고 설명하는 것을 본 적이 있다. 이유는 이 책들이 그림 대신 실제 사진을 썼기 때문이다. 사진은 "실재"일지 몰라도, 책의 형태, 글자 크기와 행간 크기는 K-4(4학년) 학생들을 울게 만들기에 충분하였다. 성인들에게도 전혀 적합하지 않았다!

ESL 학생들을 위한 또 다른 훌륭한 읽기 자료로는 CD-ROM 소프트웨어에서 찾을 수 있다. 상호작용적인 이야기(interactive stories)는 훌륭하다. 학생들은 영어 이야기를 듣고 표시된 단어를 확인한다. 일부 CD-ROM 이야기에서는 단어가 구문 단위로 표시되어 있다. 학생들은 단어 단위가 아니라 영어 구문이 읽히는 영어를 읽고 듣는다. Broderbund의 "살아있는 책(Living Book)" 시리즈는 너무나 훌륭한 상호작용적인 이야기를 만들어 내었고 이야기 내에서 구문 단위로 표시했다. 이 이야기들은 K-6(6학년) 학생들에게 가장 적절하다. 학생들이 자신의 이야기를 만들어내는 훌륭한 CD-ROM 소프트웨어도 있다. 내가 특히 좋아하는 것은 Theatrix, Inc의 "Hollywood Theatrix"이다. 학생들은 자신의 이야기를 만들고 배경을 선택하고 인물들의 성격과 목소리를 만든다. 그리고 이야기 내에서 인물이 서는 위치, 움직이는 위치를 정한다. 결국 학생들은 자신의 작품이 극장에서 상연되는 것처럼 볼 수 있다. 나는 대학 수업에서 이 소프트웨어를 써서 학급 이야기를 만들고 상연되는 것을 지켜보았다.

마지막으로 주의해야 할 것은 시판 중인 "수정된" 읽기 교재이다. 때때로 언어가 너무나 많이 수정되어 읽기의 흥미가 떨어지고 도리어 읽기가 더욱 어려워지기도 한다. 언어의 아름다움도 원 교재의 "가짜가 만들어지면서" 사라진다. 나는 한 단편이 원작보다 3페이지가 길었던 것을 본 적 있다. 왜냐하면 문장을 잘라내고, 사용이 편리한 주석을 다는 대신 본문 안에 더 많은 설명을 첨가해야 했기 때문이다. 주석 사용이 모두 사라졌다. 수정한 작가가 모든 원작 주석을 본문에 첨가했기 때문에 참을 수 없을 정도로 건조한 "보고서"가 되었다.

Investigations

14 읽기 교재의 "가짜가 만들어지는" 것과 관련된 Carolyn의 마지막 단락에 대해 어떻게 생각하는가? 유사한 경험을 한 적이 있는가? 신뢰할 수 있는 교재와 적절한 읽기 과제를 사용하기 위해 어떤 방법을 사용할 수 있는가?

15 신뢰할 수 있는 교재 사용과 관련된 이 장의 초반 단원을 생각해 보자. Carolyn과 나는 이 문제에 대해 이견이 있는 것으로 보인다. 신뢰할 수 있는 교재에 대한 본인의 입장을 설명하라. 동료와 본인의

의견에 대해 논의한다.

16 방금 읽은 Carolyn의 경험에 대해 생각해 보자. 본인의 경험과 그녀의 경험이 어떻게 같거나 다른가? 그녀의 경험의 어떤 요소가 도움이 되는가? 반성적 읽기 일지(Reflective Reading Journal)에 의견을 기술한다.

맺음말

나의 스케이트 타기 경험과 관련해서 이 장 초반부에 사용한 예시를 다시 생각해보자. 읽기 교육 계획 및 적절한 읽기 교재 선택과 몇 가지를 비교할 수 있다. 우선, 스케이트에 대한 나의 흥미와 흥분이 스케이트 타기를 재미있게 만들었다. 교재 선정과 개발 과정에 교사 본인이 흥미를 느끼도록 해야 한다. 두 번째로 너무나 쉽게 읽기 수업을 하는 것처럼 보이는 다른 교사들과 이야기해 본다. 읽기 교육을 위해 그들은 무엇을 계획하는가? 다음으로, 교사 자신과 학생들을 즐거움을 느끼는 수준 이상으로 너무 빨리 강요하지 않는다. 나는 많은 읽기 교사들이 학생들의 능력이 넘는 수준의 교재를 강요하여 학생들의 의욕을 빼앗아버리는 것을 우려한다. 새로운 기술을 개발할 때 본인은 즐길 수 있으나, 많은 사람들은 빨리 지루해 할 수 있으니, 너무 강요해선 안 된다. 네 번째로 본인의 능력 수준을 유의한다. 본인 옆에 편안하고 훌륭하게 스케이트를 잘 타는 사람들이 있다고 해서 반드시 그들만큼 잘 타야 하는 것은 아니다. 마지막으로 적절한 읽기 교재의 선택은 연습을 꾸준히 하면 자연적으로 할 수 있게 된다. 스케이트를 타면서 편안함을 점차 가지게 되었던 것처럼 적절한 교재 선택 능력은 연습과 함께 찾아온다. 시간을 두고 천천히 학습자 스스로 결정을 하고 행동과 결정을 신중하게 하며, 학습을 계속 즐길 수 있도록 필요하다면 교사는 수정을 하라.

추천도서

Aebersold와 Field(1997)는 자신들의 책 「독자에서 읽기 교사까지(*From Reader to Reading Teacher*)」의 2개의 훌륭한 장, "문학의 사용(Using Literature)"(pp.156–166)과 "읽기 수업 계획(Planning the Reading Lesson)"(pp.184–197)에서 교재 선정 주제를 다루었다. 각 장은 학생들의 읽기 요구사항을 충족시키기 위해 적절한 교재를 선택하는 방법을 결정할 때 고려해야 할 요소들에 대한 정보를 제공해 줄 것이다.

제10장 결 론

Frameworks

나는 제2외국어 읽기 교육을 수년간 하면서 개발한 교수 체제를 여러분에게 소개했다. 이 체제는 결국 ACTIVE라는 단어에 집중되고 있다. 이 단어의 각 글자는 읽기 수업에서 생각해야 할 각각 한 가지 요소들을 연상시킨다.

A : Activate prior knowledge (사전 지식을 활용할 것)
C : cultivate vocabulary (어휘력을 늘릴 것)
T : Teach for comprehension (이해력을 키울 것)
I : Increase reading rate (읽기 속도를 늘릴 것)
V : Verify reading strategies (읽기 전략을 실증할 것)
E : Evaluate progress (과정을 평가할 것)

이러한 요소들과 함께 두 가지 고려해야 할 사항이 떠오른다. 하나는 읽기에서 동기의 역할과 적절한 읽기 교재의 계획 및 선택이다.

Investigations

1. 함께 논의했던 체제의 요소들을 다시 생각해 본다. 어떤 것이 가장 인상 깊었는가? 반성적 읽기 일지(Reflective Reading Journal)에 의견을 기술한다.
2. 반성적 읽기 일지(Reflective Reading Journal)의 목록들을 훑어본다. 이 탐구를 끝내면서 어떤 느낌이 가장 강력하게 드는가?
3. 논의한 아이디어들 가운데 가장 먼저 시도해 보고 싶은 1~2가지는 무엇인가? 동료들과 토론해 본다.

Frameworks

하나의 결론은 내가 이 책에서 소개한 교수법 체제와 아이디어는 수년간의 ESL/EFL 읽기 수업에서 개발해 온 것이라는 것이다. 나는 다른 연구자들의 논문이 내가 읽기 수업에서 한 경험과 유사한지 혹은 다른지를 확인하기 위해 제2외국어 읽기 관련 연구들을 엄청난 흥미를 가지고 탐독한 바 있다. 나는 나의 아이디어와 개념을 실험하기 위해 내 읽기 수업에 연구를 실시했다. 우리가 이 책에서 다룬 문제와 전략들을 여러분들이 시도해 볼 것을 권하고 싶다. 시도하여 성공하거나 혹은 더욱 중요한 것은, 시도하여 실패했을 때, 다른 읽기 교사에게 경험한 것을 알려주고 본인의 ESL/EFL 학습자 교육 철학을 문서화하도록 하라. 반성적 읽기 일지(Reflective Reading Journal)를 항상 가까이에 두고 읽기 교사로서 본인의 기술을 향상시키기 위해 정기적으로 검토하라.

Investigations

4 반성적 읽기 일지(Reflective Reading Journal)의 목록들을 훑어본다. 이제 시간을 두고 짧은 의견서를 작성하여 본인의 제2언어 독해 탐구 지도 교수 철학을 설명하라. 동료들과 본인의 아이디어에 대해 논의하라

Frameworks

여러분들이 자신의 영역을 넓히고 ESL/EFL 읽기 학급에서 적용할 새로운 아이디어에 대해 생각해 본 기회가 되었기를 희망한다. 「제2언어 독해탐구지도 : 쟁점과 전략(*Exploring Second Language Reading : Issues and Strategies*)」이 여러분들에게 도움이 되기를 바란다.

참고문헌

Aebersold, J. A., and M. L. Field. 1997. Planning the reading lesson. In J. A. Aebersold and M. L. Field, *From reader to reading teacher.* New York: Cambridge University Press, 184-197.

Allerson, S., and W. Grabe. 1986. Reading assessment. In F. Dubin, D. E. Eskey, and W.Grabe(eds.), *Teaching second language reading for academic purposes.* Reading, MA: Addison-Wesley Publishing Company, 161-181.

Anderson, N. J. 1991. Individual differences in strategy use in second language reading and testing. *Modern Language Journal* 75: 460-472.

Anderson, N. J. 1994. Developing ACTIVE readers: A pedagogical framework for the second language reading class. *System* 22: 177-194.

Anderson, N. J. 1996. *Real contexts.* Boston, MA: Heinle & Heinle Publishers.

Anderson, N. J., and L. Vandergrift, 1996. Increasing metacognitive awareness in the L2 classroom by using think-aloud protocols and other verbal report formats. In R. L. Oxford, *Language Learning Strategies Around the World: Crosscultural Perspectives.* Manoa, HI: University of Hawaii Press, 3-18.

Barnett, M. 1989. *More than meets the eye: Foreign language reading.* Englewood Cliffs, NJ: Prentice Hall Regents.

Baumann, J. F. 1984. The effectiveness of a direct instruction paradigm for teaching main idea comprehension. *Reading Research Quarterly* 20 : 93-115.

Betts, E. A. 1957. *Foundations of reading instruction.* New York: American Book Company

Brown, A. L., A. S. Palinscar, and B. B. Armbruster. 1984. Instructing comprehension-fostering activities in interactive learning situations. In H. Mandl, N. L. Stein, and T. Trabasso(eds.), *Learning and comprehension of text.* Hillsdale, NJ: Lawrence Erlbaum, 255–286.

Caine, R. N., and G. Caine. 1997. *Unleashing the power of perceptual change: The potential of brain-based teaching.* Alexandria, VA: Association for Supervision and Curriculum Development.

Carpenter, P., and M. Just. 1986. Cognitive processes in reading. In J. Orasanu(ed.), *Reading comprehension: From theory to practice.* Hillsdale, N. J.: Lawrence Erlbaum, 11–29.

Carrell, P. L. 1983a. Background knowledge in second language comprehension. *Language Learning and Communication* 2: 25–34.

Carrell, P. L. 1983b. Some issues in studying the role of schemata, or background knowledge, in second language comprehension. *Reading in a Foreign Language* 1: 81–92.

Carrell, P. L. 1984. The effects of rhetorical organization on ESL readers. *TESOL Quarterly* 18: 441–469.

Carrell, P. L. 1985. Facilitating ESL reading by teaching text structure. *TESOL Quarterly* 19: 727–752.

Carrell, P. L., and J. C. Eisterhold. 1983. Schema theory and ESL reading pedagogy. *TESOL Quarterly* 17: 553–573.

Carrell, P. L., B. G. Pharis, and J. C. Liberto. 1989. Metacognitive strategy training for ESK reading. *TESOL Quarterly* 23: 647–678.

Carrell, P. L., and U. Connor. 1991, March. Reading and writing different genres. Paper presented at the Twenty-fifth annual conference of Teachers of English to Speakers of Other Languages, New York.

Carver, R. P. 1990. *Reading rate: A review of research and theory.* San Diego: Academic Press.

Chamot, A. U., and J. M. O'Malley. 1994. *The CALLA handbook.* Reading, MA: Addison-Wesley Publishing Company.

Christison, M.A. 1997. Applying mind-brain principles to L2 teaching. *TESOL Matters* 7 (4): 3.

Coady, J., J. Magoto, P. Hubbard J. Graney, and K. Mokhtari. 1993. High frequency vocabulary and reading proficiency in ESL reading. In T. Huckin, M. Haynes, and J. Coady(eds.), *Second language reading and vocabulary learning.*
Norwood, NJ: Ablex, 217-28.

Cohen, A. D. 1987. The use of verbal and imagery mnemonics in second-language vocabulary learning. *Studies in Second Lanugage Acquisition* 9: 43-62.

Cohen, A. D. 1990. *Language learning: Insights for learners, teachers, and researchers.* New York: Newbury House.

Crookes, G., and R. Schmidt. 1991. Motivation: Reopening the research agenda. *Language Learning* 41: 469-512.

Cushing Weigle, S., and L. Jensen. 1996. Reading rate improvement in university ESL classes. *The CATESOL Journal* 9: 55-71.

Davey, E. 1983. Think aloud-Modeling the cognitive processes of reading comprehension. *Journal of Reading* 27: 44-47.

Day, R. R., and J. Bamford. 1998. *Extensive reading in the second language classroom.* New York: Cambridge University Press.

Dörnyei, Z. 1994a. Motivation and motivating in the foreign language classroom. *Modern Language Journal* 78: 273-284.

Dörnyei, Z. 1994b. Understanding L2 motivation: On with the challenge! *Modern Language Journal* 78: 515-523.

Dubin, F., and D. Bycina. 1991. Academic reading and the ESL/EFL teacher. In M. Celce-Murcia(ed.), *Teaching English as a second or foreign language*(2nd ed.). New York: Newbury House, 195-215.

Dulin, K.L. 1978. Reading and the affective domain. In S. Pflaum-Connor (ed.), *Aspects of reading education.* Berkeley, CA: McCutcheon Publishing, 106-125.

Ericsson, K. A., and H. A. Simon. 1984. *Protocol analysis: Verbal reports as data.* Cambridge, MA: The MIT Press.

Eskey, D. E. 1986. Theoretical foundations. In F. Dubin, D. E. Eskey, and W. Grabe(eds.), *Teaching second language reading for academic purposes.* Reading, MA: Addison-Wesley Publishing Company, 3-23.

Freeman, D., and Y. Freeman. 1992. Is whole language teaching compatible with content-based instruction? *CATESOL Journal* 5: 103–108.

Fry, E. B. 1975. *Reading drills for speed and comprehension* (2nd ed.), Providence, RI: Jamestown Publishers.

Gardner, R. C., and W. E. Lambert. 1982. Language attitudes and language learning. In E. B. Ryan and H. Giles(eds.), *Attitudes towards language variation.* London: Arnold, 132–147.

Gardner, R. 1982. Verbal-report data on reading strategies. *Journal of Reading Behavior* 14: 159–167.

Gardner, R., G. B. Macready, and S. Wagoner. 1984. Reader's acquisition of the components of the text-lookback strategy. *Journal of Educational Psychology* 76: 300–309.

Goodman, K. S. 1973. Psycholinguistic universals of the reading process. In F. Smith(ed.), *Psycholinguistics and reading.* New York: Holt, Rinehart, and Winston, 177–182.

Goodman, K. S. 1976. Reading: A psycholinguistic guessing game. In H. Singer and R. B. Ruddell(eds.), *Theoretical Models and Processes of Reading*(2nd ed.). Newark, DE: International Reading Association, 497–508.

Gough, P. B. 1985. One second of reading. In H. Singer and R. B. Ruddell(eds.), *Theoretical Models and Processes of Reading*(3rd ed.). Newark, DE: International Reading Association, 661–686.

Grabe, W. 1991. Current developments in second language reading research. *TESOL Quarterly* 25: 375–406.

Grabe, W. 1997. Discourse analysis and reading instruction. In T. Miller(ed.), *Functional approaches to written text: Classroom applications.* Washington, DC: United States Information Agency, 2–15.

Harrison, C. 1992. The reading process and learning to read. In C. Harrison and M. Coles(eds.), *The reading for real handbook.* London: Routledge, 3–28.

Harris, D. P. 1966. *Reading improvement exercises for students of English as a second language.* Englewood Cliffs, NJ: Prentice-Hall, Inc.

Hatch, E., and C. Brown. 1995. *Vocabulary, semantics, and language education.* New York: Cambridge University Press.

Heimlich, J. E., and S. D. Pittelman. 1986. *Semantic mapping: Classroom applications.* Newark, DE: International Reading Association.

Higgins, J., and R. Wallace. 1989. Hopalong: A computer reader pacer. *System* 17: 389–399.

Huckin, T., M. Haynes, and J. Coady. 1993. *Second language reading and vocabulary learning.* Norwood, NJ: Ablex.

Irwin, J. W. 1991. *Teaching reading comprehension processes*(2nd ed.). Englewood Cliffs, NJ: Prentice Hall.

Irwin, J. w., and I. Baker. 1989. *Promoting active reading comprehension strategies: A resource book for teachers.* Englewood Cliffs, NJ: Prentice Hall.

Jensen, L. 1986. Advanced reading skills in a comprehensive course. In F. Dubin, D. E. Eskey, and W. Grabe(eds.), *Teaching second language reading for academic purposes.* Reading, MA: Addison-Wesley Publishing Company, 103–124.

Kern, R. 1989. Second language reading strategy instruction: Its effects on comprehension and word inference ability. *Modern Language Journal* 73:135–149.

Levine, A., and T. Reves. 1990. Does the method of vocabulary presentation make a difference? *TESL Canada Journal* 8: 37–51.

MacLean, M., and A. d'Anglejan. 1986. Rational cloze and retrospection: Insights into first and second language reading comprehension. *The Canadian Modern Language Review* 42: 814–826.

Maclin, A. 1996. *Reference guide to English: A handbook of English as a second language.* Washington, DC: United States Information Agency.

McNeil, J. D. 1987. *Reading comprehension: New directions for classroom practice*(2nd ed.). Glenview, IL: Scott, Foresman & Company.

Murtagh, L. 1989. Reading in a second or foreign language: models, processes, and pedagogy. *Language, Culture and Curriculum* 2: 91–105.

Nation, I. S. P. 1990. *Teaching and learning vocabulary.* New York: Newbury House.

Nation, I. S. P., and J. Magoto (n.d.). *The university word list: Vocabulary for students preparing to do academic study.* Unpublished manuscript,

Ohio University, Athens, Ohio.

Nuttall, C. 1982. *Teaching reading skills in a foreign language.* Oxford: Heinemann.

Nuttall, C. 1996. *Teaching reading skills in a foreign language* (new edition). Oxford: Heinemann.

O'Malley, J. M., and L. Valdez-Pierce. 1996. *Authentic assessment for English language learners.* White Plains, NY: Addison-Wesley Publishing Company.

Oxford, R. L. 1990. *Language learning strategies: What every teacher should know.* New York: Newbury House Publishers.

Palincsar, A. S., and A. L. Brown. 1984. Reciprocal teaching of comprehension fostering and comprehension activities. *Cognition and Instruction* 1: 117–175.

Peregoy, S. F., and O. F. Boyle. 1997. *Reading, writing, and learning in ESL.* New York: Longman Publishers.

Perkins, D. 1995. *Outsmarting IQ: The emerging science of learnable intelligence.* New York: The Free Press.

Plaister, T. 1968. Reading instruction for college foreign students. *TESOL Quarterly* 2: 164–169.

Pressley, M., J. R. Levin, and G. E. Miller. 1982. The keyword method compared to alternative vocabulary learning strategies. *Contemporary Educational Psychology* 7: 50–60.

Pritchard, R. 1990. The effects of cultural schemata on reading processing strategies. *Reading Research Quarterly* 25: 273–295.

Rayner, K., and A. Pollatsek. 1989. *The psychology of reading.* Englewood Cliffs, N. J.: Prentice Hall.

Reid, J. (ed.). 1995. *Learning styles in the ESL/EFL classroom.* Boston, MA: Heinle & Heinle Publishers.

Richard-Amato, P. A. 1996. *Making it happen: Interaction in the second language classroom.* White Plains, NY: Longman Publishers.

Rilry, P. M. 1975. Improving reading comprehension. In A. Newton(ed.), *The art of TESOL, Part II.* Wachington, DC: English Teaching Forum, 198–200.

Robinson, H. A., V. Faraone, D. R. Hittleman, and E. Unruh. 1990. *Reading comprehension instruction 1783–1987: A review of trends and research.* Newark, DE: International Reading Association.

Rumelhart, D. E. 1985. Toward an interactive model of reading. In H. Singer and R. B. Ruddell(eds.), *Theoretical models and processes of reading*(3rd ed.). Newark, DEL International Reading Association, 722–750.

Samuels, S. J. 1979. The method of repeated readings. *The Reading Teacher,* 32: 403–408.

Savage, K. L. 1992. Lesson Planning. In *Teacher training through video.* New York: Longman Publishing Group.

Scarcella, R., and R. L. Oxford. 1992. *The tapestry of language learning: The individual in the communicative classroom.* Boston, MA: Heinle & Heinle Publishers.

Segalowitz, N., C. Poulsen, and M. Komoda. 1991. Lower level components of reading skill in higher level bilinguals: Implications for reading instruction. *AILA Review* 8: 15–30.

Seliger, H. W. 1972. Improving reading speed and comprehension in English as a second language. *English Language Teaching* 27: 48–55.

Snow, M. A. (ed.) 1994. *Project LEAP: Learning English-for-academic-purposes, training manual-year three.* Los Angeles: California State University, Los Angeles.

Spargo, E., and G. R. Williston. 1980. *Timed readings books 1–10.* Providence, RI: Jamestown Publishers, Inc.

Stanovich, K. E. 1980. Toward and interactive-compensatory model of individual differences in the development of reading fluency. *Reading Research Quarterly* 16: 32–71.

Stoller, F. 1986. Reading lab: Developing low-level reading skills. In F. Dubin, D. E. Eskey, and W. Grabe(eds.), *Teaching second language reading for academic purposes.* Reading, MA: Addison–Wesley Publishing Company, 51–76.

Stoller, F. L., and W. Grabe. 1997. A six T's approach to content-based instruction. In M. A. Snow and D. M. Brinton(eds.), *The content-based classroom: Perspectives on integrating language and content.* White Plains, NY: Longman, 78–94.

Swaffar, J., K. Arens, and H. Byrnes. 1991. *Reading for meaning: An integrated approach to language learning.* Englewood Cliffs, NJ: Prentice Hall.

Teachers of English to Speakers of Other Languages, Inc. 1997. *ESL Standards for pre-K-12 students.* Alexandria, VA: Teachers of English to Speakers of Other Languages.

Wallace, C. 1992. *Reading.* New York: Oxford University Press.

Weber, R. 1991. Linguistic diversity and reading in an American society. In R. Barr, P. Kamil, P. Mosenthal, and D. P. Pearson (eds.), *Handbook of reading research*(vol. 2). New York: Longman, 97-119.

Winograd, P., and V. C. Hare. 1988. Direct instruction of reading comprehension strategies: The nature of teacher explanation. In C. E. Weinstein, E. T. Goetz, and P. A. Alexander, P. A.(eds.), *Learning and study strategies: Issues in assessment, instruction, and evaluation.* San Diego, CA: Academic Press, Inc., 121-139.

Zhang, W. 1995. A study on Chinese secondary school EFL students' strategy use and motivation for language learning. Unpublished doctoral dissertation, Ohio University, Athens, Ohio.